詩篇とともに歩む日々

160の祈りと霊想

工藤弘雄

いのちのことば社

推薦のことば

日本イエス・キリスト教団委員長　札幌羊ケ丘教会牧師　**小菅　剛**

恩師・工藤弘雄先生が、『詩篇とともに歩む日々』を出版されました。先生は、詩篇全篇が「魚と猫」ではなく「さ・か・な・と・ね・こ」（詩篇1篇）で満ちていると紹介されます。読書欲を掻き立てられる思いで読み始めました。そして、詩篇が、今に生きる私たちに生き返ってきた思いがします。

詩の翻訳は、訳者を悩ませます。その詩を説明すればするほど、詩の味わいが失われると言われます。ところが、本書は詩篇そのものの味を損なうどころか、詩篇をどんどん私たちの心に響かせ、読者を自然に「さ・か・な・と・ね・こ」へと招き入れてしまいます。特に、信仰者が悩み、苦しみ、呻く状態から、神が一気に「さ・か・な・と・ね・こ」に変えてくださる恵みであふれています。

「みことばの戸が開くと、光が差し／浅はかな者に悟りを与えます」（詩篇119篇130節）を説明されて、「みことばは御顔に導き、御顔の光はみことばを輝かせます」とあります（二六五頁）。本書は、福音の恵みの中の恵みである御顔の輝きの中に私たちを導き入れたいとの祈りが込められて1篇から150篇まで一貫して書かれているように思います。御顔の輝きは臨在であります。御顔の輝きは福音の本質であり、本書は、私たちを、神の御前に引き連れて、主の御顔を見て喜び楽しむ神との交わりに入れます。御顔の輝きこそ、教会にとりましていっさいの秘訣であります。

ぜひ、あなたの聖書の隣に置いてほしい書です。

目次

詩篇とともに歩む日々

160の祈りと霊想

幸いな信仰者

［詩篇1篇］

幸いなことよ／悪しき者のはかりごとに歩まず／罪人の道に立たず／嘲る者の座に着かない人。（1節）

詩篇は、信仰者のたましいの奥底から溢れ出る祈りであり、賛美です。詩篇の全篇に「魚と猫」、いいえ「さ・か・な・と・ね・こ」が満ちています。そうです。賛美、感謝、嘆き、とりなし、願い、告白が満ちているのです。

五巻からなる詩篇の第一篇は、詩篇全体を総括する一篇です。神に信頼し従う正しい者と、神に頼らず背く悪しき者のコントラストが鮮明です。1〜3節は正しい者の幸い、4〜6節は悪しき者の末路です。

幸いだ！　これが詩篇の冒頭句です。日常の歩く、立つ、座るという生活の中で、はかりごとも行動も言葉も、神に逆らう者と全く一線を画している者は幸いです。「主のおしえを喜びとし／昼も夜も　そのおしえを口ずさむ人」（2節）。神のことばである聖書を、真清水に潤され、蜂蜜を楽しむように喜ぶ。そのように昼も夜も主のみことばを黙想する。これが正しい者の実体です。

その正しい者の祝福は、流れのほとりに植えられた木にたとえられます。根は水路から水分と養分を吸い上げ、葉は青々と生い茂り、枝もたわわに実を結ぶというのです。英国のハンプトン・コートのぶどうの木は、その根をテムズ川の水路に伸ばし、豊かに実を結び、葉もしぼむことは決してありません。日常生活の隠れた根の部分が神のみことばに根ざし、愛と喜びと平和の葉は茂り、言葉と行動に寛容、慈愛、親切の実が結ばれる。何と幸いな信仰者の人生でしょうか。

一方、悪しき者は風が吹き飛ばす籾殻のように、神の裁きに耐ええず、正しい者の集いには立てません。主は正しい者を知られ、悪しき者は滅び去るのです。

時々刻々、主と交わり、主のみことばを喜び楽しみなさい。隠れた生活の根の部分が、水路に植えられた木のように、みことばから十分に養分を吸い上げなさい。

［祈り］主よ、みことばをください。あなたのみことばに根を下ろし、豊かに実を結ぶ者としてください。

真の王に逆らうか寄り頼むか

［詩篇2篇］

天の御座に着いておられる方は笑い／主はその者どもを嘲られる。（4節）

「天に座する者笑いたまわん！　へへーんだ。」五十余年前、澤村五郎先生の身振りたっぷりの詩篇の講義を忘れることができません。諸国の王たちが同盟し、真の王に逆らうとは、カマキリが線路上で特急列車に立ち向かうような愚かなことなのです。列車が通り過ぎれば、カマキリの姿は跡形もありません。

この詩篇は「王の即位」と言われ、歴史的にはソロモン王の即位、預言的には王なるキリストの御即位とキリストの王国の最終的な勝利を歌ったものでしょう。1～3節は地の諸王たちの反逆同盟、4～6節は天に座する主による反逆計画の撃破、7～9節は油注がれた王の神からの約束の言葉、そして10～12節は諸王たちへのいのちと幸いへの勧告が記されています。

使徒の働き4章では、使徒たちが迫害を受けたとき、彼らは「地上の王たちは立ち構え、……主と、主に油注がれた者に対して」（26節）と本篇を引用し、キリストに逆らう宗教的指導者に対して毅然として立ち向かったのです。キリストは、実に、油注がれた者（2節）、真の王（6節）、「あなたはわたしの子」と言われる神の御子、「わたしが今日　あなたを生んだ」と言われる復活の主（7節。使徒13・33参照）、シオンの山に王座を置く国々の支配者（6、8節）、そして諸国民を打ち破る審判者（9節）なのです。

現在もキリストに背く不法の秘密の力は働いています。しかし、やがて不法の者が現れるとき、主イエスは来臨の輝きによって滅ぼします（IIテサロニケ2・7〜8参照）。それゆえ主は地の諸王たちに、「悟れ、慎め、主に仕えよ、子に口づけし、神と和解せよ」と勧められます。「幸いなことよ　すべて主に身を避ける人は」（12節）。

王なるキリストに逆らうか、寄り頼むか。ああ、栄光の主に身を寄せ、主に祈り、主をほめ歌い、主に従う民がどれほど幸いな民であるか知りなさい。

［祈り］主よ、あなたこそまことの王、あなたに身を寄せ、あなたを心から愛し、お従いいたします。

朝の祈り――悩みの中での安息

［詩篇3篇］

私は身を横たえて眠り　また目を覚ます。／主が私を支えてくださるから。（5節）

3～6篇は、朝、夕、暁、深夜の祈りが続きます。ぐるりと敵に囲まれる四面楚歌の状況で、「しかし主よ」と主を仰ぎ、伏して眠り、目を覚ます。まさに生ける神を信じる者ならではの朝の祈りです。

詩篇中の「セラ」は、立ち止まって深く考える小休止とも言われます。このセラを活かし、黙想しつつ読むとき、1～2節の試練と疑惑の危機状況から、3～4節の主への信頼と確信、5～6節の危機の中での全き安息、そして7～8節の神の救いと民の祝福を求める大胆な祈りへと、私たちのたましいは引き上げられていきます。

敵の大軍に囲まれ、「彼には神の救いがない」と言われる中で、「しかし　主よ　あなたこそ／私の周りを囲む盾！」と表明し、眠れない状況の中で身を横たえ、「幾万の民をも恐れない」と告白する。さらに大胆に、「主よ　立ち上がってください。／私の神よ　お救いください」と祈る。まさに主の臨在信仰の証明です。

私たち夫婦の若い頃、生後間もない次男が胎児性横紋筋《おうもんきん》肉腫のため、左足を大腿部から切断せざるをえない手術前夜、「ぐっすり眠れました」と語ってくれた妻の言葉は「私は身を横たえて眠り　また目を覚ます。／主が私を支えてくださるから」(5節)の証左にほかなりませんでした。

吹き荒れる湖上での主イエスの眠り(マルコ4・38)、牢獄で二重の鎖につながれる中でのペテロの熟睡(使徒12・6)、ピリピの獄中でのパウロとシラスの真夜中の祈りと賛美(使徒16・25)、敵軍の包囲におののくエリシャの召使いが目を開かれ天軍の包囲を見たこと(Ⅱ列王6・17)などは、このダビデの経験と重なります。

詩篇の祈りは、常に不安から安息、疑惑から確信、危機から勝利へと上昇します。今日も、どのような不安な状況の中でも、「主よ、立ち上がってください。お救いください」と大胆に主に祈り求める者となりなさい。

［祈り］主よ、昔ダビデがいかなる困難な中でも「あなたはわたしを囲む盾」と主を信頼し、祈り、勝利したように、私たちもそのように祈る者としてください。

夕べの祈り——御顔の光を照らしてください

［詩篇4篇］

平安のうちに私は身を横たえ／すぐ眠りにつきます。／主よ　ただあなただけが／安らかに　私を住まわせてくださいます。（8節）

一日を終え、「わたしは安らかに伏し、眠ります」と夕べの祈りをささげることができる人は幸いです。しかもダビデの場合、実の子アブサロムの反乱という試練のただ中で、この夕べの祈りをささげているのです。

1節は正しさを認める義なる神への懇願、2〜5節は「人の子たちよ」と呼びかけ、敵対者への訴えと勧告、6〜8節は聖徒の普遍的な願いと確信です。

今も主は、「人の子たちよ、知れ」と、神を無視し、虚しい言葉を愛し、偽りを慕い求める者に呼びかけておられます。神を恐れ、罪から離れよ。深く自分の心に語りかけよ。罪を悔い改め、義のいけにえをささげよ。救い主を信じ、拠り頼め。「恐れよ、反省せよ、悔い改めよ、信ぜよ！」聖書全巻に響く神の切実な呼びかけではないでしょうか。

それとともに主は、ご自身を愛し敬う聖徒たちに格別な祝福を与えられます。くつろぎ（1節）、特別な扱い（3節）、御顔の光（6節）、豊かな喜び（7節）、そして深い安息（8節）です。わけても御顔の光は、聖徒たちの普遍的な願望です。ジョン・ウェスレーは、「最も良きことは神がわれらと共におられることである」と言いました。「だれがわれわれに／良い目を見させてくれるのか」（6節）。その良い目とは、「インマヌエル！　神ともにいます！」に尽きるでしょう。御顔の光が照らされる中にこそ、穀物とぶどう酒の豊かな取り入れの時にまさる喜びが与えられ、安らかな眠りもまた与えられるのです。

苦難の時に大胆に神に呼ばわりなさい。神に背く罪人の正体を知りなさい。すべての人の子らに呼びかけておられる神の御愛を覚え、彼らの救いのため祈りなさい。また、神がご自分の聖徒に与えられる祝福の一つひとつを心に留めなさい。

［祈り］主よ、御顔の光を照らし、今日も私たちをお導きください。一日の終わりに深い安息をもって夕べの祈りをささげ、眠りに就く者としてください。

暁の祈り――御前に備え、主を仰ぎ望む

［詩篇5篇］

主よ　朝明けに　私の声を聞いてください。／朝明けに　私はあなたの御前に備えをし／仰ぎ望みます。（3節）

あたりが暗い中に起き出て、詩人は東天が白み始める暁を待ちつつ、朝明けの祈りをささげます。1～3節は切実な神への叫び、4～6節は神に受け入れられない悪しき者、7～8節は悪しき者からの守りと聖なる宮での礼拝、8～9節は悪しき者の罪とその報い、そして11～12節は正しい者の姿とその祝福。これが本篇全体の流れです。

主よ、私の王、私の神、とダビデ王は真の王に向かって祈ります。そして私の言葉、私の嘆き、私の叫びを率直に主にぶつけ、お聞きください、と迫ります。ここに真実な祈りの典型があると言えるでしょう。

7節、11節の前後に悪しき者と義しき者の性質とその行為が対照的に描かれています。悪しき者とは高ぶる者、悪を行う者、偽る者、血を流す者、人をだます者。彼らは、神に

近づけず、憎まれ、滅ぼされ、忌み嫌われ、さらにその口、心、のど、舌は罪に毒され、自ら罪を負い、倒れ、神に退けられるのです。

7節の「しかし」、11節の「どうか」で一転、詩人の有様が描かれ、聖なる宮での礼拝、正しき道での歩み、主に寄り頼む者、御名を愛する者、正しい者のとこしえの喜びと主の大盾による守りと祝福が祈られるのです。

香登修養会での毎早暁の一コマです。ゲストハウスのテーブルランプの明かりの下、小声でみことばを読み、祈る一組の女性たち。時は暁を待つ早朝四時過ぎ、まさに早暁の祈りです。「主よ　朝明けに　私の声を聞いてください」は彼女たちの毎朝の祈りなのです。朝明けに起き出て、あなた自身の「私の言葉、嘆き、叫び」を主にぶつけなさい。聖なる宮に向かって平伏して礼拝しなさい。主の道をまっすぐ歩みなさい。主の恵みの大盾の守りを心から感謝しなさい。「朝　静かに／この一日の御恵みを祈りおれば／わが心にあふれくる／主イエスにあるやすらぎ」（新聖歌三三四）。

［祈り］主よ、私を朝明けの祈りの人にしてください。今日もご臨在の大盾で私をお守りください。

真夜中の祈り――わが魂をお救いください

［詩篇6篇］

私は嘆きで疲れ果て／夜ごとに　涙で寝床を漂わせ／ふしどを大水で押し流します。
（6節）

真夜中の祈り！　そうです。肉体的、精神的、霊的にも最暗黒の中での祈りと言えるでしょう。本篇は、詩篇にある「懺悔の七詩篇」の最初の悔い改めの詩篇です。おそらくはアブサロムの反逆の中で、それをバテ・シェバと通じた罪の裁きと受け止め、ダビデは主の御前で赤裸々に苦痛を訴えます。世にさまざまな苦しみがありますが、罪の苦しみほど深刻なものはありません。それは神から隔絶された、死やよみにも通じる苦痛なのです。

1～2節の肉体的苦痛の訴え、3～5節の魂の苦痛の訴え、6～8節の夜ごとの涙の祈りを経て、ああ、ついにその祈りは天を開き、詩人は、9～10節の確信と勝利へと導かれるのです。

ダビデは、何と赤裸々に自分の苦痛を訴えるのでしょうか。神の激しい怒りに耐えきれず、肉体は弱り果て、体を支える骨は悩み苦しみます。たましいも恐れおののき、「主よあなたはいつまで」と訴えるのです。精神的にも嘆き疲れ、憂い衰え、夜ごとに涙で寝床を漂わせるというのです。そして、「主よ、責めないでください。懲らしめないでください。助け出してください。救ってください」と訴えるのです。

何が恐ろしいかと言って、信仰者にとって罪ほど恐ろしいものはありません。ある教会の一指導的兄弟が、一夜の情欲の誘惑により罪に陥った後の苦しみは、想像を絶するものがありました。罪の生活の中では罪は恐ろしいものではなくても、聖なる神と共に歩む者にとって罪ほどの脅威はありません。

しかし、最暗黒の中での涙の祈りはついに主に聞かれ、確信と勝利は与えられました。ハレルヤ！　主は祈りの中での泣く声を、願いを聞かれ、悪魔を撃破されたのです。真実な祈りは天を開くことを知りなさい。

［祈り］主よ、私を罪から守ってください。絶えず血潮により頼み、主のきよきの中を歩ませてください。

神に訴える大胆な祈り

［詩篇7篇］

私の神　主よ　私はあなたに身を避けます。（1節）

冒頭は、神、主に身を避けるダビデ。最後は、主をほめ歌うダビデ。詩篇の祈りは、常に最終的には天が開かれ、感謝と賛美がささげられるのです。

シガヨンは「嘆きの歌」「哀歌」とも言われます。ベニヤミン人クシュなる人物は不明ですが、ダビデを呪ったシムイか腹心の部下の一人かも知れません。

詩全体の流れは、1〜2節は臨在の主に身を避ける祈り、3〜5節は深く自らを探る祈り、ここでセラが入り、一転、6〜9節は神に訴える大胆な祈り、そして10〜16節は不動の確信の祈り、最後は17節の神の義を崇める賛美の祈りで閉じられています。

まず、「私の神　主よ」と臨在の主に身を寄せるダビデ。死と彼はわずか一歩。しかし主と彼は薄紙一枚の間柄です。私の神、主よ、もしも、もしも、もしも……と反省的仮定で自らを探るダビデは、ヨブ記31章のヨブにも通じます。思えばダビデは、自分を殺害しようとしたサウル王の命を二度までも助けているのです。セラの小休止は彼の内省にふさわしい。そして一転、大胆な主への訴えが爆発します。主よ、立ち上がりたまえ、目を覚ましたまえ、高きみくらに着座したまえ、われを裁き、弁護したまえ、正しき者を堅く立たせたまえ！　そして信仰の世界に引き上げられた彼は、神は「正しい審判者、日々憤る神」と不動の確信を抱きます。今、混沌とする世界を見て怒る神でなければ、真の神ではありません。14～15節の不法を宿し、害毒をはらみ、偽りを産み、墓穴を掘る、は悪しき者の辿《たど》る全過程です。

どのような危機の中でも、わが神、主よ、と常に臨在の主に逃げ込みなさい。主とあなたの距離は至近ですか。他人を訴える前に自らを主に徹底して探っていただきなさい。主への大胆な訴えは、ここを通過しなければ決してできません。自分で事をなすのではなく、祈りによって、すべて主に事をなしていただきなさい。

［祈り］主よ、どんなときでもあなたに身を寄せます。
　私を探り、常に大胆に祈る者としてください。

人の子の栄えと尊厳

［詩篇8篇］

人とは何ものなのでしょう。／あなたが心に留められるとは。／人の子とはいったい何ものなのでしょう。／あなたが顧みてくださるとは。（4節）

月を探索したアポロ宇宙船から、宇宙飛行士がこの詩篇を朗読したことを忘れられません。神の指のわざなる大宇宙、被造物の冠である人間！　宇宙飛行士ならではの感動だったでしょう。

全天地にあまねく御名の栄光を中心テーマとして、詩の冒頭と最後に歌われます。1～2節は「私たちの主」と合唱で、3～8節は「私は」と独唱、9節は再び合唱で歌われたかも知れません。ギテドは確かなことは不明ですが、ぶどう酒用の酒ぶね、七十人訳では「ぶどうしぼりの歌」となっています。

1～2節は賛美の対象と賛美の力。全天地にあまねく主の御名の栄光。御名と主ご自身は不可分です。幼子と乳飲み子の賛美は、主イエスが棕櫚《しゅろ》の聖日、エルサレムに入城された時、「ダビデの子にホサナ」と叫んでいる子どもたちを擁護して、ここを引用されました（マタイ21・16）。幼子のような素朴な信仰者の賛美は、不信仰者に神を実感させ、地獄の勢力を撃退します。実に賛美は力の基です。

3～8節は賛美の内容。創世記1章そのものです。神の指のわざである天、月と星々！ああ、「諸天は神の尽きぬ栄え」です。人とは何者でしょうか。神のかたちに創造され、神と交わり、神に顧みられ、神の栄光と誉れをかぶらせられたというのです。そして神の愛と権能をもって全被造物を治めるというのです。

幼子らにいち早く神を賛美させなさい。神の創造に基づく科学を教えなさい。宇宙の偉大さ、人間の尊厳性をしっかり教えなさい。動植物を愛し、地球環境を正しく管理することを教えなさい。もし人類がこれに徹すれば、争いは止み、地球温暖化も防ぎ、人間も諸動物も自然も一緒に共存することができるでしょう。

［祈り］主、われらの主よ、あなたの名は地にあまねく、いかに尊いことでしょう。あなたの造られた大自然、諸動物、兄弟姉妹を心から愛する者としてください。

もろもろの国民をさばかれる主

［詩篇9篇］

主よ　立ち上がり／人間が勝ち誇らないようにしてください。／国々が御前でさばかれるようにしてください。（19節）

歴史は英語でヒストリー、それをヒズ・ストーリーと読めば、「彼の物語」、つまり「神の物語」となります。本篇の主題は審判者なる神です。神の審判は神の慈愛と峻厳の現れです。その慈愛は、御名を知る者、主を求める者（10節）に向けられ、主は虐げられた者の砦となり、苦しむ者の叫びをお忘れになりません（9、12節）。その峻厳は、悪しき者、神を忘れる者に向けられ、彼らは滅ぼされ、陰府《よみ》へ去り、その名は永久に消し去られます（5、6、17節）。神の正義と公平に基づく裁きでは、その慈愛と峻厳が正確に行使されるのです。

1～2節は主と奇《くす》しいみわざの賛美、3～6節は歴史に現れた峻厳な神の裁き、7～12節は信仰者の慰めとなる慈愛なる神の裁き、13～16節は正しい裁きの求め、17～20節は義なる者と悪しき者への最後の大審判を求める祈りへとつながります。

「ヒガヨン　セラ」は、美しい間奏曲つきの小休止とも言われます。今、神の裁きに秘められた神のみむねを小休止して黙想しましょう。神の裁きは、神を信じ、従う者にとっては慰めであり、休息です。一方、神を信じず、逆らう者にとっては恐怖であり、滅びです。神の裁きは歴史の中ですでに現れています。神の物語である歴史を風化させず、正しく知り、謙虚に耳を傾けなければなりません。そして個人としても国民全体としても、悔い改めの実を結ばねばなりません。日本のリバイバルはそこから始まるのです。それとともに、やがて神の裁きは世の終末になされるのです。本篇で繰り返し述べられているように、諸国民、生者、死者、信仰者、不信仰者、全人類に対する最後の大審判です。それを思えば「恐れを起こさせ……自らが人間にすぎないこと」（20節）をしかと知らねばなりません。「主よ疾《と》く来《きた》りて　世界を治め給え／み民は忍びて　御世《みよ》を待てり」（新聖歌四六四）。

［祈り］諸国民を裁かれる主よ、あなたの来臨を待ち望み、御前に時々刻々、みむねの中を歩ませてください。

寄るべなき者の祈り

［詩篇10篇］

不幸な人は　あなたに身をゆだねます。／みなしごは　あなたがお助けになります。
（14節）

本篇は9篇と連続するものと思われますが、前篇が全世界、異邦人に焦点が当てられているのに対して、本篇は身近な国内の不信仰者に焦点が当てられています。全篇に悪しき者の性質と行為が詳細に記される中で、「不幸な人」として表されている信仰者の姿と祈りが際立って記されています。

1～11節は悪しき者の実体、12～15節は義しき者の訴え、16～18節は義しき者の確信と区分できるでしょう。

詩人は、悪しき者の横暴な振る舞いを見て、思わず主が遠く離れ、身を隠しているかのように感じ、「主よ、何ゆえ」と訴えています。悪しき者の実体は顕著です。彼は、高ぶり（2節）、誇り（3節）、神を求めず、「神はいない」とうそぶき（4節）、常に栄え敵を吹き飛ばし（5節）、「わざわいにあわない」と偽りの安心を抱き（6節）、その口と舌は汚れに満ち（7）、神を侮り、罪を全く咎めないのです（11、13節）。特に心中で語る「神はいない」、「神は忘れているのだ。顔を隠して……」、「追及することはない」（6、11、13節）との言葉は、彼の本質的な罪の実体なのです。

これに反してダビデは、主こそ永遠の王であると告白し、「立ち上がってください。御手を上げてください。忘れないでください」と訴えます。義しき者は、不幸な人（8、10、14節）、苦しむ人（2、9節）、貧しい者（17節）、みなしご（14節）、虐げられた者（18節）と言い表されています。ダビデは現実に王でありながら、自分は弱く、貧しく、不幸な者、「主はとこしえに王でいらせられる」と告白するのです。それゆえ主は、この不幸な民を助け、願いを聞き、耳を傾け、かばわれるのです（14、17、18節）。

あなたは寄るべなき者ですか。自分の貧しさ、愚かさ、弱さを認め、神に身を寄せ、寄り頼んでいますか。「主の御手に頼る日は　いかに喜ばしき／主の御手に頼る日は　世にも幸いなり」（新聖歌三一五）。

［祈り］王なる主よ、私の高ぶりを砕き、あなたに身を寄せ、あなただけに寄り頼む者にしてください。

主こそ真の逃れ場

［詩篇11篇］

主に私は身を避ける。（1節）
直《す》ぐな人は御顔を仰ぎ見る。（7節）

主に私は身を避ける！　冒頭のダビデの主への信仰告白が、全篇のすべてを表しています。サウロ王からの逃避中の作と思われます。現実にはダビデはユダの山々に逃れていますが、彼の信仰は揺るぎなく主に向けられていました。前半の1〜3節は友人たちの逃避の勧め、後半の4〜7節は信仰的応答となっています。

「鳥のように　自分の山に飛んで行け」（1節）。ダビデの友人たちの勧めです。主に逆らう者たちが、あたかも暗闇でダビデの命を狙って弓を張り、弦に矢をつがえ、射ようとしている危機的状況です。しかも「拠り所が壊されたら」（3節）とあるように、国の基は破壊され、社会の秩序は大混乱しています。その中で「正しい者に何ができるだろうか」というのです。こうした状況は、今日の世界の状況とも重なります。

国の基盤である法が破壊され、道徳の基準も崩れ、あたかも国が無政府状態のようになっているにしても、主は聖座、王座におられる、がダビデの確信です。4～7節の各節冒頭の「主は、主は、主は、主は」にダビデの信仰が表明されています。その主の御目は信、不信、善、悪、すべてをお見通しです。神に拠り頼み、その信仰は試され、みむねの中を歩み、神に愛される義しき者、人々を憎み、害し、神のみむねを痛め、炭火と硫黄の恐ろしい審判が待ち受ける悪しき者、その両者のすべてを主の目とまぶたは調べられるのです。直ぐな人は御顔を仰ぎ見る！　これが、まっすぐ主を仰ぎ、主に拠り頼む者の報いです。

平和憲法の基が崩されようとしています。国際秩序も至る所で崩されています。しかし、主は天の聖座、王座におられ、人事百般を見通されます。世にあって世のものならず。世から逃れず、世に飲み込まれず、主を逃れ場としつつ、世にあってあなたのなすべき責任を果たしなさい。

［祈り］主よ、あなたこそ私の真の逃れ場です。御顔の光をもって、今日も私をお導きください。

ああ主よ、お助けください

［詩篇12篇］

主よ　お救いください。／敬虔な人は後を絶ち／誠実な人は　人の子らの中から消え去りました。（1節）

いきなり助けを求める叫びから、本篇は始まります。SOS！　一刻の余裕もない緊急事態です。文語訳では「ああ」という感嘆詞を補い、「そは」とその理由が続きます。その理由とは三点です。神を敬う聖徒が絶えたこと、偽りとへつらいが世に満ちていること、そして唇と舌をもって傲慢に振る舞っていることです。それが1〜3節の内容です。これに対して詩の後半、4〜8節は神の応答です。「今　わたしは立ち上がる」、貧しく乏しい者たちが慕い求める救いを施すと約束されるのです。虚偽の世界での助けを求める叫び、神の応答として純化された銀のような約束のことばが本篇を二分します。

「誠実な人」は、「誠あるもの」（文語訳）、「忠信な者」（口語訳）、信仰のある人（新共同訳）と訳される「ハーシード」という言葉です。それは、敬虔、誠実、清純、慈悲などの全要素が含まれた聖徒を意味します。

これに反して、ここに登場する「人」はみな、偽り、へつらい、二心、傲慢不遜であるというのです。ハーシードは消え、人がわが物顔で振る舞う。「主よ　お救いください」と叫ぶダビデの祈りは、リバイバルを求める祈り（バックストン）とも言えるでしょう。

2節と6節に二つの言葉があります。一方は人の言葉、他方は神の言葉です。舌と唇を操って権力を得る。自分を支配するものは自分のほかいない。これが人の言葉の中身です。まさに現代に通じる人間像と言えるでしょう。他方、神の言葉は貧者、弱者の切願に答える、慰めに満ちた救いの約束の言葉です。今までの詩篇における「主よ　立ち上がってください」（3・7、7・6、9・19、10・12）の叫びにも応答するように、ここで主は立ち上がり、語られます。その純化された銀のような永遠不変の約束の言葉を深く心に留めましょう。

［祈り］主よ、虚偽と横暴と不信仰の世界にあって、私が常に地の塩、世の光であるように導いてください。

私の目を輝かせてください

［詩篇13篇］

私に目を注ぎ　私に答えてください。／私の神　主よ。／私の目を明るくしてください。（3節）

あなたの信仰生活の中で、神に忘れられた、神の御顔が隠された、たましいと心が痛み、悲しんだ、悪魔と罪が勝ちを誇っている、というような霊的苦悶を経験したことがありますか。信仰生活には、たましいが暗黒に閉ざされるという試みの時があるのです。ダビデのこの苦悶がサウル王の迫害下で経験したものかは定かでなくても、その生々しい描写から、何らかの深刻な状況下で経験したことは事実です。私たちが経験する試練は、人間関係や経済的困窮、病気や精神的弱さ、事故や愛する者を失うこと、罪と誘惑など、要因はさまざまです。

本篇を区分すると、1～2節は霊的苦悶からの訴え、3～4節が信仰による祈り、そして5～6節は主からの応答による歓喜と賛美となるでしょう。

ダビデはその霊的苦しみの中で、あえぐように「いつまでですか」と四回も主に訴えています。実は、神に忘れられた、御顔が隠されたという中で、なお神に訴えるところに信仰者のもがきがあるのです。しかしその暗黒の中でのもがき、訴えは必ず、「私に目を注ぎ　私に答えてください。私の神　主よ。私の目を明るくしてください」との信仰の祈りへと導きます。なぜなら、もしこの状態が続くなら、絶望という霊的死に至る病に陥り、サタンは勝ちどきを上げ、悪しき者たちは喜ぶことが必至だからです。そしてついに「しかし」と全てをひっくり返し、主の慈しみへの信頼、救いの歓喜、主への大賛美へとたましいは導かれます。1～2節の暗黒から5～6節の光明へ、まさに逆転の恵みです。

霊的苦悶に陥った時、見えない神の御顔に向かって叫びなさい。サタンや不信仰者に勝利を与えてはなりません。暗黒は必ず光明へ、苦悶は必ず歓喜へと導かれることを信じなさい。そのために信仰の目を輝かせてくださいと祈り求めなさい。

［祈り］主よ、いかなる霊的暗黒に陥っても、愛なる主に目を向け、祈りの手を上げる者としてください。

腐敗した世界の中で

〔詩篇14篇〕

ああ　イスラエルの救いがシオンから来るように。／主が御民を元どおりにされるとき／ヤコブは楽しめ。イスラエルは喜べ。（7節）

本篇はいつの作か不明です。その背景も特定できません。しかし、本篇にある愚かな者の姿は、神から離れた人間の本質的な姿なのです。次篇は本篇と全く対象的な神に属する聖徒の姿が描かれています。世に属する者か神に属する者か、合わせて読むと良いでしょう。なお53篇もほぼ同じ内容で歌われています。

本篇の構成は、1〜4節は愚かな者の実態、5〜6節は正しい者と神との関係、そして7節が神の民の救いとその歓喜となっています。

愚かな者の神への態度はこうです。心の中で「神はいない」と言う。また、神を呼び求めることをしない（1、4節）。つまり、祈りも賛美もありません。無神論者そのものです。その有様は、腐れはて、忌まわしいことを行い（1節）、すべての者が離れて行き

（3節）、善を行わず（3節）、不法を行い（4節）、信仰者を嘲り（4節）、信仰者の計画を踏みにじる（6節）のです。しかし、これはよそ事ではありません。「すべての者が離れて行き／だれもかれも無用の者となった」（3節）とあるように、神から離れた人類すべての者の姿であり、主を信じ救われる以前の私たちの姿なのです。使徒パウロはローマ人への手紙3章10〜12節で、本篇を用いて全人類の罪を鋭く指摘しています。

5〜6節は、対照的に信仰者と神との関係が記されています。「神は　正しい一族とともにおられる……主が彼の避け所である」（5〜6節）というのです。「見よ　彼らは大いに恐れた」（5節）。無神論者にとって恐怖とは何でしょうか。それは、昔イスラエルの民になされたような、見える形での神の大いなるみわざを見せることです。見えない神を信じない者には、見えない神の見えるみわざこそが、恐れと信仰へと導くことを知らねばなりません。7節にあるように、私たちは終末に向かって、福音の収穫を喜び楽しむ者になるように祈りましょう。

［祈り］主よ、かつての自分の姿を見て、主の救いのみわざが見える形で証しされるように導いてください。

主の幕屋に宿る者

［詩篇15篇］

主よ　だれが　あなたの幕屋に宿るのでしょうか。／だれが　あなたの聖なる山に住むのでしょうか。（1節）

前篇と比べて、何と爽やかな聖徒の姿でしょうか。主の贖いのみわざは、人をしてここまで変貌させるのです。この姿を見る時、神を否定する者も、見えない神の見えるみわざを見て恐れることでしょう。

本篇は24篇と類似していますが、24篇では主の山に登るべき者が強調されていることに対して、本篇では主の山に住み続けることが強調されています。まさに主への信仰がもたらす行為、聖化の実践的歩み、キリスト者の霊性の真髄と言えるでしょう。1節では巡礼者の問いかけ、2～5節では主からの応答が記されています。

主の幕屋は契約の箱が置かれた神の臨在の場所、聖なる山は幕屋があるシオンの山、神の祝福が満ちる最高の場所です。しかし現在、聖なる場所は、神が臨在される生活領域のあらゆる所にあるのです。ミレーの「晩鐘」の農夫夫妻をご覧なさい。神は野作業をする野良に臨在され、彼らは見えない主の幕屋に宿り、聖所に立っているのです。

主の幕屋に宿る者は、全人格、全肉体が主に属する者として聖別された者です。全き者として歩む足、義を行う手、心の中の真実を語る口、人を中傷しない舌、隣人へのそしりを取り上げない耳、主の目に適わない者を識別し退ける目、このように、その思いと行動の全てが主の臨在に包まれた者なのです（2～4節）。さらに、約束を忠実に守り、金銭を正しく取り扱い、固く立って動かされない人こそ、主の幕屋に宿る人なのです（4～5節）。

主の幕屋に宿る者、その肖像画を見るにつけ、その肖像画が私たちの心と生活に描かれているか反省させられます。しかし、主はこの肖像画を私たちに見せられるだけでなく、主ご自身の御手で私たちの内にその肖像画を描いてくださるのです。何を用いて描いてくださるのでしょうか。御子の血潮と聖霊と神のことばこそ、生きた肖像画を描くことを知らねばなりません。

［祈り］主よ、神の幕屋に宿る者として血潮により聖め、聖霊に満たし、みことばに生きる者としてください。

黄金のキリスト者生涯

［詩篇16篇］

私はいつも　主を前にしています。／主が私の右におられるので／私は揺るがされることがありません。（8節）

ミクタムの歌とは、古来「黄金の歌」と言われてきました。ペテロは本篇をペンテコステの朝、キリストの復活の預言として引用しています（使徒2・25～28、31）。実にペンテコステを経験する者は、真に黄金の歌を歌うことができ、黄金の生涯を送ることができるのです。それは聖霊に満たされ、主の臨在信仰に生きることにほかなりません。

そのペンテコステ的生涯に生きる者は、全き主への依存（1節）と、主ご自身こそが幸いであり、嗣業である（2、5節）と告白します。主という「お方様」こそ、すべてのすべてであるというのです。それとともに、地にある聖徒を喜びとします（3節）。聖化の恵みは人を孤立させません。すべての聖徒とともに主の愛を知り、主の恵みを分かち合うのです。

ペンテコステの恵みは、さらに私たちを良き嗣業の地に導きます（5、6節）。それは乳と蜜の流れる約束の地であり、神の安息に満ちる地なのです。昔イスラエルの民が出エジプトをしたものの荒野をさすらい、不信仰と不従順の四十年を浪費しました。神の約束はヨルダン川を渡り、約束の地に入ることでした。今も荒野をさすらう信者と、乳と蜜の地を楽しむ信者がいるのです。

割り当ての地が定まり、良い嗣業を得た信仰者は、常に主からの悟りが与えられ、夜毎に恵みをねりはみます（7節）。そして常に主を自分の前に置くのです（8節）。まさに主の臨在信仰の実践です。その時、心は何ものにも動かされず、楽しみと喜びは溢れ、心身ともくつろぎ、安らかになるのです（8、9）。

彼はさらに臨在信仰の延長線上にある復活の希望へと導かれ、栄光へのいのちの道は示され、満ち溢れる喜び、永久の楽しみを抱きます（10、11節）。ハレルヤ！　神の御心は私たちの黄金の生涯にあることを知りなさい。

［祈り］ペンテコステの主よ、今、聖霊に満たし、黄金のキリスト者生涯を送る者としてください。

御翼の陰に

［詩篇17篇］

瞳のように私を守り／御翼の陰にかくまってください（8節）

ダビデは恐ろしい敵に囲まれる中で神と向き合い、切実な祈りをささげています。あなたの御前（2節）、あなたの目、唇、耳（2、4、6節）、あなたの道、恵み（5、7節）、あなたの御翼の陰（8節）、あなたの剣（13節）、あなたの御顔（15節）と、ダビデはまるで主を見るように主に向き合い、私の叫び、祈り（1節）、私の心、口（3節）、私の歩み、足（5節）をもって主に応答するのです。

1～2節は神に訴える祈り。深刻な訴え、叫び、哭聲《なくこえ》（文語訳）は切実です。3～5節は主に探られる祈り。言葉や行動の全てを主に探られ、試みられ、潔白が認められてこそ、さらに大胆に主に近づくことができるでしょう。6～9節は妙なる慈しみに寄りすがる祈り。自己に絶望し、絶体絶命の寄りすがりです。瞳のように大切なものとして守られ、親鳥の御翼の陰に匿われる小鳥のように愛し、保護されることを切実に求めます。10～12節は敵の恐ろしさを知り、敵からの救いを求める祈りです。暴虐無人な敵が自分の周囲を取り囲みます。彼らの冷酷、傲慢、そして地上での繁栄など、ダビデは鋭く敵の正体を見破り、切に主に救いを求めるのです。

しかし、この激しく主に訴える本篇の最後は主の臨在の輝きの祈りをもって終わっています。「しかし私は　義のうちに御顔を仰ぎ見／目覚めるとき　御姿に満ち足りるでしょう」(15節)。敵の包囲網の中での輝く臨在の主の御姿とダビデの満足！　ここにこそ、激しい叫びと祈りへの主からの最高の答えがあるのです。

一対一で主に向き合い、心を注ぎ出して祈りなさい。あなたの心を深く主に探っていただきなさい。そして瞳のように守り、御翼の陰に匿われる主に寄りすがり、悪魔の正体を見抜き、地上での嗣業を求めず、ただ主の御顔を求めて祈りなさい。「御翼われを覆えば嵐猛《たけ》る闇夜も／イエスに頼り安きあり　われは神の子なれば／わが主の愛より　離すものなし／御翼に守られ　永遠《とわ》に安けし」(新聖歌二五六)。

［祈り］主よ、どのような危険と誘惑の中でも私を瞳のように守り、常に御翼の陰に隠してください。

大いなる救い

［詩篇18篇］

わが力なる主よ。私はあなたを慕います。（1節）

ダビデの生涯を貫く詩篇です。サムエル記第二22章にも、本篇がダビデの生涯を締めくくるように記されています。主題は言うまでもなく、力ある主の大いなる救いです。ダビデは自分の命を狙うサウル王の手から救い出された数々の経験から、心の底から主を賛美しつつ、主の偉大さと現実の驚くべき救いを記すのです。

1〜3節は、まず大いなる救い主への大賛美です。本篇の総括と言ってもいいでしょう。4〜6節は、想像を絶する苦難の中での祈りです。死の綱、滅びの激流、陰府《よみ》の綱、死の罠に表される悩みの中での主への叫びは、主の耳に達したのです。7〜19節は、主の顕現と驚くべき救いです。祈りが天の御座に達するや「地は揺るぎ　動いた」、主は現れ、自然界の凄まじい光景をもって主の大いなる救いが記され、ダビデはついに広い所に連れ出されたのです。ハレルヤ！　20〜29節は、きよき者への主の救いの原理が記されます。この大いなる救いは、それを求める者の義にしたがってなされるのです。だからこそダビデは、主が油注がれたサウル王に対して決して自ら手をかけることはしませんでした。30～45節は、人知を超えた主の大いなる救いです。「私たちの神を除いて　だれが岩でしょうか」（31節）。ダビデの神以外に、誰がこのような救いを施されるでしょうか。主の救いは主の勝利に直結します。46～50節、生ける主への永遠の賛美をもって本篇は締めくくられます。

ダビデ王の支配は、イスラエルを超えて諸々の民に及びます。それはダビデの子、救い主イエスの全世界に及ぶ愛と義の支配を思わされます。

ダビデの神は今も生きておられます。この力ある主を愛しなさい。主こそわが岩、わが城、わが高きやぐらであるとほめ歌いなさい。「神はわがやぐら　わが強き盾／苦しめる時の　近き助けぞ／おのが力　おのが知恵を　頼みとせる／陰府《よみ》の長《おさ》も　など恐るべき」（新聖歌二八〇）とルターが賛美したように、あなたも心からこの力ある主をほめ歌いなさい。

［祈り］力ある主よ、あなたを心から愛します。あなたこそわが岩、わが城、わが救い主です。

日々語りかける神の言葉

［詩篇19篇］

私の口のことばと　私の心の思いとが／御前に受け入れられますように。／主よ　わが岩　わが贖い主よ。（14節）

夕日が沈む丘に立ち、刻々と移り変わる大自然の素晴しさを語り合う親子を想像してみてください。「ボク、神様はこのきれいな空も太陽も月も星もみんな造られたんだよ」とパパが言えば、「そうなんだ。神様って素晴らしいお方だね」とボクは答えるでしょう。神は大自然という第二の聖書と文字で書かれた第一の聖書を通して、日々私たちに語りかけてきます。本篇は1～6節が自然を通して語りかける神の言葉、7～11節が聖書（律法）を通して語りかける神の言葉、そして12～14節はその神の言葉を人の良心に語りかける神の言葉として受け止め、誠実に応答するダビデの姿が記されています。

大自然に響き渡る神の語りかけを聞き、神からいただく自然の恩恵を喜び、大自然の隅々に神の御手の偉大さを驚嘆する者は幸いです。さらに主のおしえ、証し、戒め、仰せ、さばきである主の言葉を、完全で確かで正しく、純粋できよく真実な言葉と告白し、その主の言葉を純金より慕わしく、蜜よりも甘いと楽しみ、魂が生かされ、賢くされ、喜びに溢れ、心の目が開かれる人は、何と幸いな人でしょうか。

それぱかりか、その主の言葉に探られ、このように祈る人は何と恵まれた人でしょうか。「知らずに犯した過ち、隠れた罪からどうかわたしを清めてください。あなたの僕を驕りから引き離し支配されないようにしてください。そうすれば、重い背きの罪から清められわたしは完全になるでしょう」(13〜14節、新共同訳)。

自然を通して語りかける神の言葉、聖書を通して語りかける神の言葉、人の良心に語りかける神の言葉を日々聞きなさい。実に生ける神の言葉なくして、私たちは罪を認め、罪からきよめられることはできません。神の言葉は内側から外側から、知らずに犯す罪から、故意の罪から私たちをきよめ、完全な者へと導くのです。

[祈り] 私は切に祈ります。「わが岩、わが贖い主なる主よ、どうか、私の口の言葉と、心の思いがあなたの前に喜ばれますように。」

王のための祈り

［詩篇20篇］

主よ　王をお救いください。／私たちが呼ぶときに答えてください。（9節）

表題の「ダビデの賛歌」が表すように、本篇は王のために神の祝福と勝利を求める、とりなしの祈りです。1〜5節は王のためのとりなしの祈り、6節に「今　私は知る」と王の確信が入り、7〜9節は民の確信と王の勝利の祈りへと進みます。

王の勝利、それは今日の私たちにとって、王なるキリストの勝利と王なる主を信じる神の民の勝利に連結します。その勝利を獲得する秘訣は何でしょうか。

第一に臨在の主との交わりです。「主が聖所からあなたに助けを送り／シオンからあなたを支え」（2節）とあるように、神の都であるシオン、神の御住まいである聖所から、今臨在される主が助けと支えを与え、王の願いを受け入れ、戦略を勝利に導かれるのです。

第二に主への全き献身です。神から勝利を与えられるためには、こちらからも主に穀物のささげ物と全焼のささげ物を献げなければなりません。その時主は「あなたの穀物のささげ物をすべて心に留め／あなたの全焼のささげ物を／受け入れ」（3）、あなたの勝利を約束されるのです。

第三に主への全き明け渡しと信頼です。「ある者は戦車《いくさぐるま》を　ある者は馬を求める。／しかし私たちは／私たちの神　主の御名を呼び求める」（7節）。世の王にとって、戦車と馬こそは最大の勝利の保証です。しかし、王なる神を信じる者は、その保証である戦車を焼き、馬の足の筋を切るというのです。「神の御霊によって礼拝し、キリスト・イエスを誇り、肉に頼らない私たちこそ、割礼の者なのです」（ピリピ3・3）。コンフィデンス・イン・セルフデスペア！（チャールズ・ウェスレー）　自己絶望における確信！　これこそ「まことの神の民の真髄」です。ただ頼るは主のみ、誇るは主の御名のみ、そこにこそ真の王は乗り出され、圧倒的勝利を約束されるのです。

主を目の前に置き、主と親しい交わりを続けなさい。祈りの祭壇、礼拝の祭壇、献身の祭壇を築き、身も霊も主に献げなさい。全ての肉の誇りを取り去り、「わが霊によるなり」と聖霊を全幅的に信頼し、主の勝利を自分のものとして勝ち取りなさい。

［祈り］主よ、あなたこそ王の王、主の主です。全てはあなたのものです。主よ、勝利を与えてください。

御力を喜び、御救いを楽しむ

［詩篇21篇］

主よ　あなたの御力を王は喜びます。／あなたの御救いを　どんなに楽しむことでしょう。（1節）

本篇は前篇の後篇とも言えるでしょう。前篇は戦いを前にして王の勝利を祈り、本篇はその勝利を心から喜び、感謝しています。前半の1～7節は王の勝利の喜びと感謝、後半の8～12節はもろもろの敵の敗北と滅亡、最後の13節は頌栄で結ばれています。

ダビデ王に与えられた勝利と祝福は、また王なる主を信じるキリスト者にも適応されるでしょう。ダビデ王と同様に、心の願い、口唇の求めが主に受け入れられ、圧倒的勝利を与えられるというのです。純金の冠、とこしえのいのち、栄光と威厳と威光、御前での欣《きん》喜《き》雀躍《じゃくやく》！　一方、主はご自身に逆らうあらゆる敵を飲み尽くし、食い尽くし、滅ぼされるというのです。

「いのちを　彼はあなたに願い／あなたは彼にそれをお与えになります。／いつまでもとこしえまでも限りなく」（4節）は、ダビデに約束された「わたしは彼の王国の王座をとこしえまでも堅く立てる」（IIサムエル7・13）とのメシア預言を思い起こします。それとともにメシア、すなわちこの王なる救い主に信仰によって結ばれているすべてのキリスト者にも、王としての勝利と永遠の王国が約束されているのです。

神戸は舞子の賤《しず》が屋《や》に住みながらも「王者の生活だよ」と満足しきっておられた小島伊助先生。主の臨在の輝きの中で見えざる純金の冠をいただき、白寿の丘に立ち、栄光を望み見る先生の姿は忘れられません。

真の豊かさと真の権威は、地上に属するものではなく、主から来るものです。あなたにはこの豊かさと権威がありますか。あなたは王者の生活を謳歌していますか。あなたは自分の弱さに徹し、主に信頼していますか。あなたは主の大能を歌い、ほめたたえていますか。「何不足、宇宙は我が家、神は父、無限は我の持ち物ぞかし。」身寄りなく、富なく、健康なき一クリスチャン老婦人の歌です。この豊かさに生きる者となりなさい。

［祈り］主よ、ダビデに約束された王なる勝利と栄光を与え、王なるキリスト者とさせてください。

十字架、苦難の主

［詩篇22篇］

わが神　わが神／どうして私をお見捨てになったのですか。（1節）

22篇、23篇、24篇は、キリストの御姿を表す一連の詩篇です。それは、ダビデの経験をはるかに超えた、キリスト預言として受け止めることができます。22篇は十字架、苦難の主、23篇は復活、臨在の主、24篇は昇天、栄光の主を、鮮やかに預言しているからです。

本篇はイザヤ書53章と共に、受難のキリスト預言の双璧です。前半は、まるでゴルゴタの丘で十字架に処刑される主イエスを見たかのように描写されています。ところが後半では一変して、賛美が溢れるのです。暗黒と光明、受苦と賛美のコントラストが鮮明です。この対比は「わが神　わが神／どうして私をお見捨てになったのですか」（1節）の叫びに「あなたは答えてくださいません」（2節）の苦悶の中で、ついに神からの答えがあったからでしょう。新改訳二〇一七では21節に行間を置き、「あなたは　私に答えてくださいました」が挿入されています。

1〜21節の受難の描写は、ゴルゴタでの主イエスの受苦と一つひとつが照合できます。骨は外れ、心臓は溶け、舌は顎につくなど凄まじい光景、十字架の周囲から聞こえる罵り、嘲り、聖衣のくじ引きなどは、耳をふさぎ、目を覆いたくなるほど凄惨です。しかし主イエスにとって最大の苦悶は「わが神　わが神／どうして私をお見捨てになったのですか」にありました。この叫びこそが十字架上の第四言でした（マタイ27・46）。捨てられる理由の何一つない罪なきお方が捨てられた。それは捨てられる理由の何一つないお方が捨てられることにより、捨てられて当然の私たち罪人が捨てられないという人類救済の道が開かれるためでした。この答えを得るや否や詩は一変し、後半の賛美が湧き上がります。そして「完了した」（ヨハネ19・30）との十字架上の第六言を思わせる31節の「主が義を行われたからです」、すなわち、主が救いを成し遂げられたことが全世界、後世にも高らかに宣べ伝えられるのです。主の十字架の受苦を深く深く思いなさい。

［祈り］主よ、あなたの御苦しみは、すべて私のためでした。この救いを感謝し、証しする者としてください。

復活、臨在の羊飼い

［詩篇23篇］

主は私の羊飼い。／私は乏しいことがありません。（1節）

多くのキリスト者が愛してやまない詩篇がここにあります。これを諳《そら》んじ日々口ずさめば、私たちの信仰生涯はどれほど豊かなものになるでしょうか。

何と美しい告白でしょうか。詩人は王座をかなぐり捨て、弱く、貧しく、愚かな羊になりきり、臨在の主を仰ぎ、あなたは私の羊飼い、私の必要のすべてを満たすお方、あなただけで十分です、と告白するのです。

緑の牧場、憩いのみぎわ、死の陰の谷、敵の包囲と、状況は刻々と変わります。しかし、変化する状況の中で少しも変化しない臨在の主は、終始傍《かたわ》らに立ち続けてくださるのです。しかも主と我との交わりは深まるばかりです。緑の牧場、憩いのみぎわから死の陰の谷に状況が変化する中で突然、三人称の「主、彼」から二人称の「あなた」へ変化します。同じ臨在の主、しかし、「あなた！」とこのお方をより親しく眼前に拝するのです。

詩の全篇は一方的な主の恵みのみわざで満ちています。緑の牧場、憩いのみぎわの安息に伴い、魂を生き返らせ、正しい道に導き、死の陰の谷に同伴し、鞭と杖で力づけ、敵をよそにもてなす。まさにこのお方は、安息の主、生命の主、導き主、同伴の主、慰め主、饗応の主！　そして生きている限り、必ず恵みと慈しみが追いかけてくるというのです。ですから、こちらのなすただ一つのことは、「私はいつまでも永遠に主の家に住まいます」だけなのです。

良き羊飼いがおられる牧場の羊は、丸々太り、活発で嬉々としているでしょう。そこに痩せこけ、恐れ慄《おのの》く羊がいたらどうでしょうか。主は私の羊飼い、私には何の乏しいことはありません。主は死の陰の谷でもより近く寄り添ってくださるお方、私には恐れがありません。主は逆境の中で客人をもてなされるお方、私の杯は溢れます。きょうも主の宮に住み続けましょう。

［祈り］主よ、あなたは私の羊飼いです。もう何も言うことはありません。あなたの家こそ私の住まいです。

昇天、栄光の王が入られる

［詩篇24篇］

門よ　おまえたちの頭《かしら》を上げよ。／永遠の戸よ　上がれ。／栄光の王が入って来られる。（7節）

十字架、苦難の主、復活、臨在の主に続き、24篇は昇天、栄光の主の御姿が鮮やかです。歴史的には、ダビデが神の契約の箱をオベデ・エドムの家から喜び踊りつつ迎え入れた時に作られたものです。預言的には、昇天、栄光の主が天の御座に迎え入れられる光景を歌ったものです。今日的には、聖霊が私たちの心を住まいとしてお入りになられる聖化の恵みに適応できるしょう。

1～2節には、万物の主の創造、保持、支配が力強く歌われています。万物は主のもの、「主が　海に地の基を据え／川の上に　それを堅く立てられたからだ」（2節）は、揺れ動く海や潮流の上に基を置くように、不安定な中に基を置き、すべてを支配される主の力の偉大さを表現したものです。万物は主のものとの告白は、私たちの身も霊も全所有物も

「主のものである」との献身の表明です。

3～6節は、聖所のあるシオンの丘に登り、聖なる主を礼拝する者とはだれかが問いかけられています。詩篇15篇と同一の霊性が表されています。行動がきよく、心は単一、虚しい偶像に望みを置かず、神の前に真実で、ヤコブのように激しく主を慕い求める者こそ、その人であると歌います。ウェールズのリバイバルは、この聖句に心探られた婦人たちの祈りから起こりました。

7～10節は、栄光の王の到来です。栄光の王、強く力ある主、戦いに力ある主、万軍の主を迎え、門衛と主の箱を担ぐ者との問答が繰り返されます。かつてはシオンでの歓喜、さらに復活、昇天、栄光の王を迎える時の天の軍勢のどよめきが聞こえてくるようです。今、栄光の王は私たちの内に御住まいを求められます。「献げ尽くし、明け渡しし、心こそ妙なれ、君なるイエス心に住み、御心を成したもう。ながが持てるものを主の手にことごとく献げしや、条件つけず降伏せば勝ち得べし勝利を」（聖歌五五六）と歌える者こそ、本篇の体験者なのです。


［祈り］栄光の主よ、今、私の心の扉を開きます。私の内にお入りくださり、みこころを成してください。

主の道を教えてください

［詩篇25篇］

主よ　あなたの道を私に知らせ／あなたの進む道を私に教えてください。（4節）

深刻な憂いと悩みの中で心注ぎだして祈る信仰者が、ついに勝利を得て、民全体の贖いと救いを祈る過程が全篇に表されています。1～7節は憂いの中で主の道を求める祈り、8～15節は恵みとまことの主の道を確認する祈り、16～22節は個人の悩みからの救いと民の悩みからの救いを求める祈りです。

本篇には「道」と「教えてください」という言葉が繰り返されています。「主よ　あなたの道をわたしに知らせ／あなたの進む道を私に教えてください」（4節）、「主は……罪人に道をお教えになります。……貧しい者にご自分の道をお教えになります。主の道はみな恵みとまことです」（8～10節）、「主はその人に選ぶべき道をお教えになる」（12節）。主の道を歩むところに信仰者の王道があります。

「恵みとまことはイエス・キリストによって実現したからである」（ヨハネ1・17）とあ

るように、主イエスご自身は恵みとまことそのもののお方でした。先の引用にもあるように、主の道は常に主の慈しみとあわれみが満ちているのです。そして恵みはまことに先行し、まことは恵みを支えているのです。

主はご自身の道を誰に教えられるのでしょうか。本篇でもう一つ繰り返される言葉に「罪」「咎」の赦しを求める言葉があります。「私の若いころの罪や背きを／思い起こさないでください」（7節）、「主よ　あなたの御名のゆえに／私の咎をお赦しください」（11節）、「私の悩みと労苦を見て／私のすべての罪を赦してください」（18節）。このようにダビデは自分の罪を認め、主に祈っているのです。「主は……罪人に道をお教えになります。……貧しい者にご自分の道をお教えになります」（8、9節）とあるように、主は心砕かれて自分の罪を認め、悩み苦しみも罪と結びついているものであることを認め（17～18節）、主の道を求める者に、ご自身の道を教えてくださるのです。

［祈り］主よ、あなたのみこころを示し、あなたの道をまっすぐに歩む者にしてください。

神に弁護を求める祈り　［詩篇26篇］

主よ　私を弁護してください。／私は誠実に歩み／よろめくことなく　主に信頼しています。（1節）

ダビデは重大な危機と困難な中で心をさらけ出し、主に弁護を求めています。この弁護は裁き（口語訳、新共同訳）と同義語です。1～7節は無罪を主張する祈り、そして8～12節の助けを求める祈りへと進みます。

新共同訳では「わたしは完全な道を歩いてきました」（1節）、「わたしは完全な道を歩きます」（11節）と訳されていますが、ダビデは誠実に完全な道を歩いてきたとの確信がありました。主に対しては迷うことなき信頼をもって主の恵みと真理の道を歩み、人に対しては偽る人々、偽善者、悪を行う者と完全に一線を画して歩いてきたのです。だからこそ「私を調べ　試みてください。／私の心の深みまで精練してください」（2節）と大胆に祈ることができました。また血を流す人々や悪い企てをする者たちと一緒に裁かないでくださいと祈ることもできたのです。実に大胆な祈りは、神の御前でのたましいの純潔無垢に基づくのです。

本篇を見ると、祈りに三種類あることに気づきます。第一は嘆願の祈りです。「弁護してください」（1節）、「精練してください」（2節）、「取り去らないでください」（9節）、「あわれんでください」（11節）などがそれです。

第二は証しの祈りです。「完全な道を歩いてきました」（1節、新共同訳）、「あなたの真理のうちを　私は歩み続けました」（3節）、「平らな所に立っています」（12節）などがそれです。

第三は決意の祈りです。「不信実な人とともに座らず」（4節）、「語り告げます　あなたの奇《くす》しいみわざのすべてを」（7節）、「私は愛します……あなたの栄光のとどまる所を」（8節）、「誠実に歩みます」（11節）、「主をほめたたえます」（12節）などがそれです。

「どうか……してください」との嘆願の連続が祈りでは決してありません。明確な意志を持って証しし、決意を表明してこそ、真実な祈りになることを知らねばなりません。

嘆願と証しと決意が常に均衡を保つ祈りでありなさい。

［祈り］主よ、私を弁護してください。私はあなたに信頼し、あなたの御前を誠実に歩みます。

一つのことを願う祈り

［詩篇27篇］

一つのことを私は主に願った。／それを私は求めている。／私のいのちの日の限り　主の家に住むことを。／主の麗しさに目を注ぎ／その宮で思いを巡らすために。（4節）

サウロかアブサロムか、あるいは他の外敵か、敵の軍勢が陣営を張って攻めてくる中でダビデには何という平安と勝利があるでしょうか。主は私の光、救い、いのちの砦と告白し、微塵の恐れも感じない心の平穏さは、いったいどこから来るのでしょうか。「たとえウォルムスの瓦の数ほど悪魔がいても私は行く」、「私はここに立っている。神よ、助け給え」とは五百年前のマルティン・ルターの恐れなき告白です。激動の宗教改革の戦いの最中で、どうして静かな不動の確信に満ちた『キリスト者の自由』が生まれたのでしょうか。「キリスト者はすべての者の上に立つ自由な君主であって何人にも従属しない。キリスト者はすべての者に仕える僕であって何人にも従属する。」自由な君主、愛の奴隷！　驚くべき提言です。「わが命も宝も妻も子らも取らば取りね神の国はなお我にあり。」まさに敵前の凱歌です。

　本篇は1〜3節の敵前の確信から、4〜6節のただ一つの願い、そして7〜14節の御顔への渇望へと進みます。荒れ狂う嵐の中でダビデは「一つのことを私は主に願った。／それを私は求めている」と明言します。その唯一無二の一つのこととは、「私のいのちの日の限り　主の家に住むことを。／主の麗しさに目を注ぎ／その宮で思いを巡らすために」でした。臨在の主を独り占めし、御顔を拝し、つらつらその麗しさに心奪われ、神の教えを瞑想する。まさに健全な神秘主義と神学の極みです。ベタニアのマリアも主の御足下でこのただ一つのことを求めました。

　さらにダビデは「あなたの御顔を私は慕い求めます。／どうか　御顔を私に隠さないでください」（8〜9節）と激しく主を慕い求めます。救世軍のブレングル中将は『聖潔《きよめ》の栞《しおり》』の中で死を前にして全キリスト者に三語を遺す特権が与えられたら、「ウェイト・オン・ゴッド、主を待ち望め」と遺したいと記しています。敵前の勝利の秘訣が、この一事にあることを知りなさい。


［祈り］主よ、私はこの一事を求めます。それは、生涯、主の家に住み、御顔を拝し、あなたと交わることです。

祈りは聞かれた

［詩篇28篇］

ほむべきかな　主。／主は私の願いの声を聞かれた。（6節）

本篇には三つの手があります。「私の手を　あなたの聖所の奥に向けて上げる」（2節）祈りの手、悪しき者の行為を表す「その手のわざ」（4節）、主のもろもろのみわざを表す主の「御手」（5節）の三つです。主は私たちの祈りの手を受け入れ、御手のわざを行って答えられます。しかし、悪しき者の手のわざを御手をもって退けられるのです。

1〜5節は、苦難の中から呼び求める祈りです。この苦難は前篇と似た状況と思われます。ただ前篇では前半冒頭からいち早く確信と勝利が表明されますが、本篇ではそれが後半で表明されます。悪しき者は神の声を聞かず、心に害毒を抱き、悪を行い、神のみわざを顧みず、やがて墓に下り、神の審判を受けるのです。ダビデは悪しき者の実態を示しつつ、主に向かって祈りの手を上げ、耳を閉ざさないように、口をつぐまないように、と切実に訴えます。

6〜7節は、祈りが聞かれたとの確信の祈りです。「ほむべきかな　主。／主は私の願いの声を聞かれた」（6節）。祈りは聞かれた！　これが信仰の祈りです。事態、状況は変わっていません。しかし、祈りは答えられたとの信仰の確信が与えられたのです。

牧師夫人の脳動脈瘤手術中、婦人たちが教会に集まり祈る中で、手術は成功しました、癒やされました、感謝します、との確信が一同に与えられたというのです。「信じるなら神の栄光を見る、とあなたに言ったではありませんか」（ヨハネ11・40）の体験でした。7節では大きな喜びと賛美が湧き起こっています。

8〜9節は、民全体の救いと祝福の祈りです。いわばリバイバルを待ち望む祈りと言ってもいいでしょう。しかも牧者なる主のとこしえの導きといえば、終末における主の再臨の祝福をさえ思わされます。「祈り出せ、祈り続けよ、祈り抜け、抜けた祈りで祈り続けよ」（小島伊助）。祈りが抜け、祈りが拡大する。その典型的な祈りが本篇です。

［祈り］主よ、信仰の確信が与えられるまで何事でもあなたにひたすら呼び求めてまいります。

主の御声の力

［詩篇29篇］

主の声は力強く／主の声は威厳がある。（4節）

19篇は神のことば、本篇は神の声がテーマです。神の声を大水や暴風、雷鳴や稲光の中に聴き、神の声の凄まじい力を知り、神に栄光を帰し、神の顕現を求め、神の祝福を求める。そのように詩の全体の流れは、1～3節が神の栄光、3～9節が神の御声、10節が神の顕現、そして11節が神の祝福へと進みます。

1節の「力ある者の子らよ」との呼びかけは、御使いたちへのものですが、被造物である人間にも適用されます。

「聖なる装いをして主にひれ伏せ」（2節）は、英欽定訳では「聖めの美をもって主を拝め」となっています。聖化の恵みは、宣教とともに礼拝にも直結します。

5節から始まる主の御声の力と威厳を示す七つの象徴的表現は、読者のまぶたに浮かぶ暴風、雷鳴、雷光の映像をバックに、読む者を圧倒します。杉の木を打ち砕き、子牛、野牛のように跳ねさせ、炎を閃かせ、荒野を揺さぶり、雌鹿をもだえさせ、大森林を裸にする。凄まじい神の御声の力と威厳です。

神のことばである聖書は、神の御声の力に満ちています。天地創造は神の御声によるものでした。神がお声を発すると、そのようになったのです。主イエスにも、この神のお声の権威がありました。山上の説教の後、主が命じられるとそのようになったみわざが連続して記述されています（マタイ8・3、13、26、32）。

主の御声の力と威厳は生きています。主の御声が発せられる時、どのような頑固な心をも打ち砕き、絶望の心を喜びに跳ね踊らせ、暗い心に炎を閃かせ、この世の荒野を震わせ、人の心を裸にし、救いの喜びを与え、すべての者に救い主に向かって「栄光」と叫ばせるのです。ウェスレーやムーディーやビリー・グラハムも、神のことばである聖書を手に、この主の御声をもって伝道しました。私たちの本田弘慈先生もまさにそのように伝道されたことを覚え、あなたも後に続きなさい。

［祈り］主よ、あなたの御声の力を信じます。その御声の力を信じ、確信をもって伝道します。

涙の夜から喜びの朝へ

［詩篇30篇］

夕暮れには涙が宿っても／朝明けには喜びの叫びがある。（5節）

本篇には二つの主への叫び（2、8節）と二つの喜び（5、11節）が証しされています。ダビデは一度目に深刻な苦しみの中から主に叫び、主から大きな恵みを体験し、「夕暮れには涙が宿っても／朝明けには喜びの叫びがある」（5節）と証ししました。ところがその後、さらに大きな深刻な霊的苦悶の中から主に叫び、主からの大きな恵みを体験し、「あなたは私のために／嘆きを踊りに変えてくださいました。／私の粗布を解き／喜びをまとわせてくださいました」（11節）と歌っています。

本篇は、1～3節は死の危険からの癒やしと救いに対する感謝、4～5節は聖徒たちへの賛美の呼びかけ、6～10節は深刻な霊的苦悶の中からの勝利、11～12節はとこしえの感謝へと進展します。

ダビデの第一の経験は、死の病から癒やされ、魂が陰府から引き上げられ、生き返らされるという大きな恵みでした。彼は思わず主の慈しみに生きる信仰の友に賛美を呼びかけ、主の御怒りは束の間、恵みは命の限り長い、涙の夜は喜びの朝となると証ししました。

その後、彼は主の恵みにより安らかな時が与えられる中で、「私は決して揺るがされない」（6節）、主は恵みによって自分を不動の山のように固くされた、と傲慢に陥り、主の御顔を失ったのです。「あなたが御顔を隠されると／私はおじ惑いました」（8節）という霊的苦悶は、きわめて深刻なものでした。救いの恵みを体験し、神の恵みの中を歩んでいた者が、「自分は動かされない、大丈夫だ」と高ぶり、いつしか自分の肉の力で事を行い、御顔を失うことは、多くの信仰者が経験することです。ダビデは主に叫び、ひたすらに懇願し、ついに神との交わりは回復し、さらに深められ、嘆きを踊りに粗布を喜びの帯に変えられた主を心の底からほめたたえるのです。この二度目の危機的経験の後、彼は決して自らの判断や力に頼らず、「わが霊によるなり」を貫いたことでしょう。

［祈り］主よ、あなたの救いの恵みを感謝します。さらに肉に頼らず、万事聖霊により生きる者としてください。

御顔を輝かせてください

［詩篇31篇］

御顔を　しもべの上に照り輝かせてください。／あなたの恵みによって　私をお救いください。（16節）

ダビデは極度の苦しみの中から神に叫び、神を信頼し、敵からの救いを感謝し、神に賛美をささげています。1～4節は逆境からの救いの叫び、5～8節は主への信頼と過去における救いの感謝、9～13節は哀れな現状のありのままの告白、14～18節は御顔の輝きを求める切実な祈り、19～24節は大いなる救いの感謝と神の慈愛への感謝が記されています。

まず祈りの大切な要素は、苦しい現状をありのままに主に告白することです。ダビデは9節から、「あわれんでください。主よ」と彼の悩みと苦しみの現実をありのままに告白しています。目は苦悶によって衰え、魂も身体も衰え、いのちは悲しみによって尽き、年は嘆きのうちに果て、咎によって力は弱まり、骨は衰え果てたというのです。さらに敵の誹り、隣人の嘲り、親しい者の無視、忘却により、壊れた器のようになったというのです。

後に預言者エレミヤが経験（エレミヤ20・10、18）するような痛々しい現実でした。これほどの現実でなくても、私たちは祈りの中でありのままに自分の悲しみ、痛みを主に申し上げてよいのです。

もう一つ本篇で教えられることは、苦しみと悩みの根本的解決は御顔の輝きにあるということです。「御顔を　しもべの上に照り輝かせてください。／あなたの恵みによって　私をお救いください」（16節）。これこそがダビデの祈りの中心でした。どのような悲しみも痛みも、苦しみも悩みも、主の御顔の輝きがあるところに救いがあるのです。実に主の臨在は救いです。

ガリラヤ湖で暗黒を突き破り、高波を乗り越え近づかれ、「心安かれ、我なり、懼《おそ》るな」（マタイ14・27、文語訳）と語られた主は、今日もあなたに近づかれ、そのように語ってくださるのです。御顔の輝き！　慰めに満ちる主の御顔の輝きの中で、今日の一日を過ごしなさい。

［祈り］主よ、あなたにすべてを打ち明けます。私に御顔を輝かせ、慈しみをもってお導きください。

罪赦される者の幸い

［詩篇32篇］

幸いなことよ／その背きを赦され　罪をおおわれた人は。（1節）

詩篇51篇に並ぶ、罪の赦しの喜びと幸いをうたったダビデの詩篇です。悔い改めの七つの詩篇（6、32、38、51、102、130、143篇）の二番目のものです。マスキールという表題は意味不明で「教訓詩」という説もあります。言うまでもなく、バテ・シェバとの大罪が背景にあります。1～2節は罪の赦しの幸い、3～4節は認罪の苦しみ、5～7節は告白による赦しと救い、8～11節は主への服従と信頼の勧めとなっています。

キリスト者にさまざまな喜びと幸いがありますが、罪が赦された時の歓喜と幸いに勝るものはありません。ここに、どのように救いと神との交わりの回復に導かれていくかのプロセスを見ることができます。まさに大いなる救いに至る聖書的な道です。

第一に、救いは深刻な認罪から始まります。これなくして救いは始まりません。罪を告白する前、ダビデはその罪のため苦しみ呻《うめ》くのです。骨は古び衰え、神の裁きの御手は昼夜重くのしかかり、力は枯れはてて夏の日照りのようであったというのです。自分の罪を深刻に認め、痛み苦しむ者は必ず次の段階に進みます。

第二は自分の罪を告白することです。「私は自分の罪をあなたに知らせ／自分の咎を隠しませんでした。／私は言いました。／『私の背きを主に告白しよう』と」（5節）。この告白は、新約聖書ではホモロゲオーという用語が用いられています。ホモとは同じこと、ロゲオーは言い表す。罪を隠さず、ありのままに神に言い表す。これが告白です。

第三は罪の赦しを信じ、感謝することです。信仰こそ決定的な赦しの条件です。ダビデはただ神のあわれみを信じ告白しました。今の私たちにおいては主イエスの十字架は私の身代わりであったと信じることです。「すると　あなたは私の罪のとがめを／赦してくださいました」との赦罪の確信が与えられ、1〜2節の大感謝へと導かれます。

第四は新しいいのちに生きることです。敬虔な人（6節）、主に信頼する者（10節）、正しい者（11節）、心の直ぐな人（11節）に生まれ変わり、試練の濁流の中でも守られ（6〜7節）、主に教えられ（8節）、恵みに囲まれ、主を喜び楽しむ者となるのです（10〜11節）。ハレルヤ！

［祈り］主よ、罪の赦しの恵みを心から感謝します。今この恵みを大胆に証しする者としてください。

正しい者たちよ、主を喜び歌え

［詩篇33篇］

新しい歌を主に歌え。／喜びの叫びとともに　巧みに琴をかき鳴らせ。（3節）

32篇の最終節を受けて本篇は始まります。32篇が個人的な詩篇であるのに対して、本篇は信仰共同体の詩篇です。罪の赦しの幸いは賛美を引き起こします。必ず新しい歌が生まれます。メソジスト運動の中でチャールズ・ウェスレーの歌が生み出されたように、リバイバルが起こると、必ず新しい歌が生まれました。

1〜3節は、主への賛美の呼びかけです。賛美こそ、罪を深刻に認め、正直に告白し、心から主を信じる直《す》ぐな者にふさわしいものです。天国にはもはや祈りや説教がなくても賛美はあります。賛美こそ御国を受け継ぐ民の最大の特権であり義務なのです。

4〜5節は、主と主のみことばの性質を覚えて主をたたえることを勧めます。主のみことばは真っ直ぐで真実、主ご自身は正義と公平と恵みに満ちているとの告白です。真の賛美には正統的な神学があるのです。

6～9節は、みことばによる創造のみわざのゆえに主を賛美するように勧めます。「主が仰せられると　そのようになり／主が命じられると　それは立つ。」主の創造のみわざをほめたたえつつ、神のことばの力を信じる信仰へと私たちは導かれます。

10～11節は、主のみむねの確かさゆえに主を賛美するように勧めています。「主のはかられることは　とこしえに立ち／みこころの計画は　世々に続く」のです。

12～19節は、主のご支配の御手のゆえに主をたたえるように勧めています。主を自らの神とし、主が嗣業として選ばれた民は、多くの軍勢、勇者の力、軍馬など、人間的な肉の頼みを全く退け、主のみを頼むのです。

20～22節は、主への信頼による待望のゆえに賛美することを勧めています。新しい歌には正統的教義が満ちています。聖書に基づき、代々の教会で歌い継がれ、リバイバルの中で起こされた賛美歌を歌い、あなたの信仰を強固にしなさい。

［祈り］主よ、新しい歌をあなたにささげます。賛美をもって福音を証し、信仰を強める者としてください。

主のすばらしさを味わえ

［詩篇34篇］

味わい　見つめよ。／主がいつくしみ深い方であることを。／幸いなことよ　主に身を避ける人は。（8節）

本篇は25篇と同様、アルファベット形式の詩篇です。1～7節では救われた者の賛美と証し、8～10節では主の恵みの体験の勧め、11～22節では義しき者の祝福と悪しき者の滅亡が歌われています。

まず、主の救いは実に現実です。すべての恐怖、苦しみからの助け（4、19節）、すべての苦難からの救出（6、17節）、心の砕かれた者の救い（18節）、主のしもべらのたましいの贖い（22節）が明確に歌われています。主イエスは「すべて疲れた人、重荷を負っている人はわたしのもとに来なさい。わたしがあなたがたを休ませてあげます」（マタイ11・28）と御手を広げて招いておられます。主イエスこそ、すべての人のすべての悩みからの現実な救い主なのです。

次に、主の救いは常に完全です。決して中途半端ではありません。すべての苦難、すべての恐怖から救い出され、彼の骨をことごとく守られるとあるように（4、6、17、19、20節）、すべての悩み、恐れ、苦しみ、痛みから完全に一つひとつ、ことごとく解決してくださるというのです。また、「主の使いは　主を恐れる者の周りに陣を張り／彼らを助け出される」（7節）とあるように、主ご自身とともに天使たちが主を信じる者の周りをぐるりと取り巻いて、あらゆる災いから守ってくださるというのです。

さらに主の救いは、主に救いを求める者に即座に答えられます。「私が主を求めると主は答え」（4節）、「この苦しむ者が呼ぶと　主は聞かれ」（6節）、「苦しむ者が叫ぶと主は聞かれ」（17節）るのです。

主はなんと恵み深いお方でしょうか。主の恵みはなんとすばらしいでしょうか。ソーントン宣教師は「ああ、おいしい。ああ、おいしい」と口にしながら、主の恵みを味わったそうです。主の恵みを味わいなさい。

［祈り］主よ、あなたは恵み深いお方、あなたの恵みはなんとすばらしいでしょうか。

狼の群れの中での子羊の賛美

［詩篇35篇］

私のたましいは　主にあって喜び／御救いの中にあって　楽しみます。（9節）

迫りくる迫害、蔓延する悪意、増大する憎しみのただ中で、ダビデは三回主に向かって賛美をささげています。迫害のただ中で、「私のたましいは　主にあって喜び／御救いの中にあって　楽しみます」（9節）と賛美し、悪をもって善に報いる者たちのただ中で、「私は大いなる会衆の中で　あなたに感謝し／力強い民の間で　あなたを賛美します」（18節）と歌い、ゆえなく憎む者たちのただ中で、「私の舌は告げ知らせます。あなたの義を。／日夜　あなたの誉れを」（28節）と賛美しています。まさに狼の群れの中での子羊の賛美と言えるでしょう。

この三回の賛美を軸に、本篇は三つに区分できるでしょう。1〜10節は、命を狙う敵の中での祈りと賛美、11〜18節は、悪意のある証人の実態と主への賛美、19〜28節は、悪しき者への神の審判と主への賛美となります。

第一区分の迫害は、サウル王によるものかもしれません。槍で命が狙われる中で「主の使い」（5、6節）による守りを切に祈っています。そして苦しむ者、貧しい者を強い者から助け出される主を賛美するのです。

第二区分では、悪意のある証人の実態が赤裸々に記されています。ダビデは彼らが病に陥った時、友人や兄弟であるかのように、また母の喪に服するように苦しみ祈ったにもかかわらず、彼らはダビデを中傷し、罵り、嘲り、歯をむき出しにしたのです。その狼の群れの中で、彼は祈り、賛美しました。

第三区分では「ゆえもなく私を憎む人々」（19節）が目くばせし、欺き、嘲る中で、ダビデは神の義による裁きを祈り、賛美をささげています。

主イエスはゲツセマネに向かう中で19節を引用し、「彼らはゆえもなくわたしを憎んだ」（ヨハネ15・25）と、これをご自分に適用しています。本篇の中から主の御姿を思い、狼の中で主を賛美する者となりなさい。

［祈り］主よ、狼の群れに囲まれるような厳しい状況の中でも、主の御姿にならい、賛美する者とさせてください。

大いなる救いの歌

［詩篇36篇］

彼らは　あなたの家の豊かさに満たされ／あなたは　楽しみの流れで潤してくださいます。（8節）

ここに大いなる救いの歌があります。救いとは、罪から私たちを救い、神の栄光にあずからせることです。罪の性質とは何か、その罪から私たちを救う神のご性質とは何か、救われた者の生涯とは何か、そのすべてを本篇に見出すことができます。

まず1～4節をご覧ください。ここに罪の正体が暴かれています。罪はまず人の心に宿り、人に語りかけ、悪を行わせます。罪の虜とされた悪しき者の描写はこうです。神を恐れない。自分にへつらう。その口から出る言葉は不法と欺き。神の知恵を求めない。善を行わない。常に悪を企む。不正な道に身を置く。悪を嫌わず、悪を喜ぶ。他人事ではない、これが救われる以前の私たちの有様でした。

次に5～6節をご覧ください。その罪から私たちを救われる神のご性質です。天にまで及ぶ恵み、雲にまで及ぶ真実、高くそびえる山のごとき義、大いなる淵のような裁き。ここに全被造物の救いの土台があるのです。

この救いの岩により、第一段に見るようなどんな罪人も、第三段に見るような聖徒に変えてしまうのです。

さらに7～12節をご覧ください。救われた者の美しい絵画がここにあります。それは神の恵みの満ち溢れる生涯です。神の御翼の陰を避け所とし、主の臨在が満ち溢れる神の家の豊かさに満たされ、楽しみの流れで潤され、いのちの泉によりいのちに満たされ、神の光により神の真理の光を受け、絶えず神の慈愛を受け、常に悪しき者から守られるというのです。

かつて自分がどのような罪人であったかを知りなさい。十字架の救いに神の恵みとまこと、義と裁きのすべてが現されていることを知りなさい。復活の主を仰ぎ、聖霊に満たされ、豊かなキリスト者生涯を楽しみ、救いの恵みを誰にも証しする者になりなさい。

［祈り］主よ、豊かな救いの恵みを与えてくださり感謝します。この恵みに生き、証しする者としてください。

正しい者の救いと悪しき者の滅び

［詩篇37篇］

しかし　柔和な人は地を受け継ぎ／豊かな繁栄を自らの喜びとする。（11節）

本篇はアルファベット形式の格言的な詩篇です。なぜ悪を行う者が繁栄するのか。この人生の謎に明確に答える詩篇と言えるでしょう。悪の繁栄と神の義の問題は、ヨブ記でも扱われています。詩篇73篇でもこの主題が展開されています。本篇では1～8節の第一段で、悪しき者の繁栄に対し、悩まされず、妬みを起こさず、憤らず、主に委ね、主を喜び、待ち望む、神の前での歩みを勧め、9節からの第二段では、正しい者の救いと悪しき者の滅びが対照的に記されています。

神の救いのもう一面は、神の裁きです。救いと滅びは神からのみ発せられます。本篇では悪をなす者の滅びがさまざまな表現で語られています。悪しき者は、草のようにしおれ、青草のように枯れ、断ち切られ、いなくなり、腕は折られ、煙となって消え失せ、彼を捜したけれども見つからなかったというのです（2、9、10、17、20、22、28、34、36、38節）。

一方、正しい人は主からさまざまな祝福を受けます。その一つに「地を受け継ぐ」祝福があります。「柔和な者は幸いです。その人たちは地を受け継ぐからです」（マタイ5・5）と主イエスが語られた言葉と同様の言葉が11節に出てきます。そのほかに、主を待ち望む者は地を受け継ぐ、全き人の嗣業《ゆずり》は永久《とわ》に続く、主に祝福された者は地を受け継ぐ、正しい人は地を受け継ぐ、主を待ち望み、主の道を守る者は地を受け継ぐなどと約束されています。正しい者は、地上で地を受け継ぐのみならず、主の再臨により地上に王国が確立されると、これを受け継ぐのです。

正しい者の歩みにおける格言に、「あなたの道を主にゆだねよ。／主に信頼せよ。主が成し遂げてくださる」（5節）、「主によって　人の歩みは確かにされる。／主はその人の道を喜ばれる」（23節）があります。人生の転機的事柄も、日々の歩みも、主が備えられた道を歩みなさい。「わが行く道　いついかに／なるべきかは　つゆ知らねど／主は御心　成し給わん／備え給う　主の道を／踏みてかん　一筋に」（新聖歌三〇一）。

［祈り］主よ、救いも滅びも、あなたの御手にあります。あなたの道を示し、あなたの道を歩ませてください。

罪の痛みの中で主に向き合う祈り

［詩篇38篇］

主よ　あなたの激しい怒りで／私を責めないでください。／あなたの大いなる憤りで／私を懲らしめないでください。（1節）

本篇は、七つの悔い改めの詩篇の三番目のものです。「記念のための」と表題にありますが、ダビデはバテ・シェバ事件という痛恨事とその罪からの赦しを常に記念するため、本篇を記したことでしょう。罪はさまざまな苦痛をもたらします。その激しい痛みの中でダビデは主に向き合い、「あなたの怒り、あなたの憤り、あなたの矢、御手」（1、2節）と主に目を向け、「私の罪、私の咎、私の愚かさ」（3、4、5、18節）という自分の罪と取り組むのです。神の御前で真剣に罪と取り組む詩篇が本篇です。

1〜10節は罪の苦痛からの叫びです。罪から来る苦痛は精神のみか肉体にまで及び、病をもたらします。肉は完全なところがなく、傷は悪臭を放ち、腐り果て、身をかがめ、腰は火傷で覆われ、胸は激しく鼓動し、目の光は失せたというのです。罪が病にたとえられるとともに、罪が罪を犯した者の全体に及び、自力では絶対解決不能なことが告白されています。

11〜14節では、罪のもたらす痛みは対人関係にまで及んでいることが記されています。わが友は病を避けて立ち、親族さえも遠く離れて立つというのです。しかも、罠は仕掛けられ、一日中欺きの声が聞こえるという、孤独の極みに立たされるのです。

15〜22節は、神との交わりの断絶という絶望の淵からの叫びです。「わが神　主よ　あなたが私に答えてくださいます」（15節）と訴えます。罪のもたらす最大の苦しみは、神の御顔を失うことです。ダビデは「私は　自分の咎を言い表します。／自分の罪で不安なのです」（18節）と深刻に罪を悲しみ、正直に罪を告白し、「主よ　私を見捨てないでください。／わが神よ　私から遠く離れないでください」（21節）と救いを求めます。

罪ほど恐ろしいものはありません。しかし、この地獄の苦痛の中から天の御国が開かれることを知りなさい。

［祈り］主よ、罪の赦しの恵みを忘れず、罪を恐れ退け、血潮の注ぎを受け、光の中を歩む者としてください。

沈黙から祈りへ

［詩篇39篇］

主よ　今　私は何を待ち望みましょう。／私の望み　それはあなたです。（7節）

本篇の状況は前篇と類似しています。ダビデは病を罪のため神の懲らしめと受けとめ、神と真剣に向き合い、祈ります。指揮者エドトンは歴代誌にしばしば登場する音楽奉仕者エドトン（エタン）と同一人物と思われます（I歴代15・17、16・41、25・1ほか）。

1〜3節を見ると、本篇は人の前での沈黙から始まっています。しかし、彼が舌を制し、口に口輪をはめ、沈黙すればするほど、痛みはさらにひどくなり、思い続けるほどに心は火のように燃えるというのです。しかし、この沈黙の苦痛の中で、彼は深い人生の真理を発見するのです。彼に真の悟りが開かれたのです。

4〜6節で詩人の沈黙は破れ、舌をもって語りだします。それは人にではなく、神に対してです。人の前での沈黙から、神に向かっての祈りへの発展です。彼は「伝道者の書」にも通じる人生の悟りを主に告白するのです。人の命のはかなさ、束の間であること、人は神の前では無に等しいこと、しっかり立ってはいても空しいかぎりで、幻のように歩き回る者であるとの認識です。人の前での沈黙が、神の前での黙想と祈りに導かれ、深く人生と自分を見つめ、神との交わりへと進展するのです。

7〜13節は自分の罪と向き合い、神に向かって罪の赦しと救いを求めています。ここでも彼は、人はみな空しく、神とともにいる旅人、寄留者であると認識し（11、12節）、「主よ　今　私は何を待ち望みましょう。／私の望み　それはあなたです」（7冊）と告白し、涙をもって叫び、訴えるのです。

人の前での沈黙が、深く自分を見つめ、人生の奥義を知る機会となることを知りなさい。沈黙自体を修行とせず、神との深い交わりに発展させなさい。没我的、恍惚的神秘主義ではなく、バックストン先生らに見る健全な神秘主義、神と我とが向き合う、神との交わりに生きなさい。

［祈り］主よ、あなたとの交わりを深め、人生の奥義をさらに見極める者としてください。

みこころを楽しむ

［詩篇40篇］

わが神よ　私は／あなたのみこころを行うことを喜びとします。／あなたのみおしえは／私の心のうちにあります。（8節）

ここに全き救いの喜び、神のみこころを楽しむ歌があります。主イエス・キリストが私たちに与えてくださる救いとは何か、その全貌を知ることができます。1～10節には全き救いのプロセスが段階的に記され、11～17節では現在の苦境からの救いを求める祈りが続きます。救い、献身、弱さに徹する祈りの生活が、全体の流れです。

救いは心の底からの切なる叫び、求めから始まります。主は必ずその叫びを聞かれます。罪の泥沼から引き上げられ、救いの岩に足を置き、新生の歩みへと導かれ、新しい歌をほめ歌う。これは主イエスだけが十字架の贖いにより成しえる救いです。新創造され、賛美する回心者を見て、人々は驚き怪しむでしょう。語り述べようとしても数え切れない恵みに戸惑うほどです。

この救いは、私たちを献身生涯へと導きます。その生涯はヘブル人への手紙10章に見るように、主イエスの生涯に映し出されています。主はご自身のからだを真のいけにえとして献げられました。その生涯は、「わが神よ　私は／あなたのみこころを行うことを喜びとします。／あなたのみおしえは／私の心のうちにあります」（8節）に言い尽くされています。これが主イエスのハートです。全き救いの真髄です。ここに贖われた者の喜び、楽しみがあるのです。

「山田さん、お楽しみですね。」戦後は新開地の焼け野原、多忙な開拓伝道中の夕食の準備、「お楽しみなんて、家族持ちの本田先生におわかりか」とやや不満気味の山田晴枝先生に臨んだお言葉が「わが神よわれは聖意《みこころ》にしたがふことを楽《たのし》む」（文語訳）のこの聖句。「そうだ、楽しみだ、喜びだ！」そしてみむね一筋の再献身！「わが神よ」と主を前にみむねを楽しむと告白する。生ける律法なるキリストが内に住んでくだされぱこその恵みです。内住のキリスト、内住の律法、ここに自由にして法《のり》を踏み外さない信仰生涯の秘訣があるのです。この恵みを体験し、これに生き、これを証しする者となりなさい。

［祈り］わが神よ、私はみこころを行うことを喜びます。あなたのおきてが私の心にあるからです。

あわれみ深い人たちの幸い

［詩篇41篇］

幸いなことよ／弱っている者に心を配る人は。（1節）

第一巻の最後の詩篇も、第一の詩篇同様「幸いなるかな」で始まります。1節の「弱っている者に心を配る人」は、「貧しい者をかえりみる人」（口語訳）、「弱いものに思いやりのある人」（新共同訳）とも訳されています。1〜3節は同情ある者への祝福、4〜9節は弱っている者の周囲の敵対者、10〜13節は癒やしの求めと頌栄へと進みます。

第一段ではダビデは神の恵みに囲まれ、第二段では悪しき冷たい友に囲まれています。その中で主を仰ぎ、罪を言い表して祈るのです。「あわれみ深い者は幸いです。その人たちはあわれみを受けるからです」（マタイ5・7）と主イエスは山上の説教で語られましたが、第一段ではまさにあわれみ深い者への祝福が記されています。わざわいから助け出される。神に守られる。地上で幸せな者とされる。敵の意のままにされない。病の床で支えられる。病はことごとく癒やされる。何という豊かな、現実的な主からの祝福でしょうか。

第二段では第一段に反して、神の恵みに囲まれていたダビデが悪しき者に囲まれるのです。その悪しき者たちとは、「私の敵」「見舞いに来ても悪意を蓄える者」「私を憎む者」「私が信頼した親しい友」であって、ダビデを取り囲む人たちです。「私のパンを食べている者までが／私に向かって　かかとを上げます」（9節）は、主イエスがユダの裏切りに言及して用いた聖句です。ダビデにおいてはアブサロムの反逆にくみした議官アヒトフェルかもしれません（Ⅱサムエル15・12）。同情深く見せつつ、陰では憎み、偽り、そして裏切る輩《やから》は、昔も今も変わりありません。

第三段では、そうした中でダビデは「しかし　主よ」と神を仰ぎ、あわれみを求め、「立ち上がらせてください」と癒やしを祈るのです。

第一巻の最後は頌栄です。「ほむべきかな　イスラエルの神　主。／とこしえから　とこしえまで。／アーメン、アーメン。」

［祈り］主よ、主イエスにならい、私を弱っている人々を真に思いやる者にしてください。

御顔の救い

［詩篇42篇］

わがたましいよ／なぜ　おまえはうなだれているのか。／私のうちで思い乱れているのか。／神を待ち望め。／私はなおも神をほめたたえる。／御顔の救いを。（5節）

詩篇第二巻に入ります。本篇は壮絶な魂の渇きに始まり、臨在の主への賛美で終わっています。詩人がヘルモン山に近いイスラエルの北方を放浪していた時、かつてエルサレムの都において公同の礼拝を守っていた頃の感謝と喜びを思い起こし、谷川の水を慕いあえぐ鹿のように、切に神を渇き慕い求めた時の詩篇です。

本篇を二分すると、1～4節は、かつての神との交わりを慕う、5～11節は、現在、試練の中で臨在の主を仰ぐ、となるでしょう。

神を渇き求める魂ほど幸いな魂はありません。42篇と43篇には七様の神の御名が記されています。神（1節）、生ける神（2節）、わが神（5節、口語訳）、私のいのちなる神（8節）、わが巌《いわお》なる神（9節）、私の力の神（43・2）、私の最も喜びとする神（43・4）の七様です。

詩人はどのように神を渇くのでしょうか。慕いあえぐ（1節）、たましいを注ぎ出す（4節）、うなだれ、思い乱れる（5節）ように神を慕いあえぐのです。いつ渇くのでしょうか。昼も夜も間断なく渇くのです（3、8節）。なぜそれほどまでに渇くのでしょうか。身はエルサレムの神の家から遠く離れ（3、4、6節）、大波が越えるような試練の中にあり（7節）、敵の虐げの中にある（3、9、10節）からです。

そのような状況に置かれると、多くの場合、神への渇きも信仰も消え失せるでしょう。しかし、詩人はそのような状況であればこそ、神を渇き求め、ついに主の御顔を拝し、「御顔こそ、わたしの救い」（11節、新共同訳）と告白します。臨在は救いなり！　これが本篇の頂点です。詩人は二度にわたり、主の臨在の救いをほめ歌います（5、11節）。神戸は鵯越芝生墓地の小島伊助先生の墓碑に、この言葉が刻まれ語り続けています。臨在は救也《すくいなり》！


［祈り］わが神よ、あなたこそ私の喜び、力、希望、慰めです。わがいのち、わが岩、わが力の神よ、どのような試みの中でもあなたの御顔は私の救いです。

絶望から賛美へ

［詩篇43篇］

どうか　あなたの光とまことを送り／それらが私を導くようにしてください。／あなたの聖なる山　あなたの住まいへと／それらが私を連れて行きますように。（3節）

本篇は42篇と連結した詩篇です。両篇の最終節は一言一句同じです。42篇同様、詩人はエルサレムの公的礼拝から引き離され、神を恐れない敵の虐げの中を悲しみ歩きます。詩人は1〜2節で激しく神に向かって訴えます。しかし、3〜5節では絶望的試練の中で臨在の神の御顔を拝し、ほめ歌います。周囲の厳しい状況は少しも変わりません。しかし、魂は大勝利を得るのです。まさに絶望から賛美への大転換です。

詩人はどのようにして神との交わりに至ったのでしょうか。3節をご覧ください。「どうか　あなたの光とまことを送り／それらが私を導くようにしてください」とあります。私たちを神との交わり、神への礼拝に導くものは、「光とまこと」、つまり聖霊の光とみことばの真理にほかなりません。聖霊の光がみことばの真理を照らす時、私たちの魂は間違いなく神との交わりへと導かれます。

「あなたの聖なる山　あなたの住まい」とは、エルサレムの神殿における公的礼拝を表します。詩人は、これほどまでに公的礼拝を渇き求めているのです。あなたはご自分の教会における主日礼拝を、このように慕い求めていますか。主日の礼拝を渇き求め、十字架の祭壇に流されている主の血潮を仰ぎ、私たちの身と魂を献げ、大きな喜びをもって神を賛美する。これこそ地上におけるパラダイスです。

神を慕い求めましょう。個人的に神との交わりを求めるだけでなく、教会的に神との交わりを求めましょう。一人の信仰者であるとともに、良き教会人となりましょう。主日礼拝を尊び、喜び、楽しみ、聖霊の光を受け、聖書の学びと祈り会を自分のものにしましょう。伝道に身を献げ、財を惜しみなく主に献げましょう。教会人として、こよなく信仰生活を楽しみましょう。


［祈り］わが神よ、あなたの住まわれる神の家なる教会を愛します。私を真に教会人としてください。

主よ、起きてください

［詩篇44篇］

起きてください。／主よ　なぜ眠っておられるのですか。／目を覚ましてください。／いつまでも拒まないでください。（23節）

ゲツセマネの祈りにおいて主イエスは、「シモン、眠っているのですか。目を覚まして祈っていなさい」（マルコ14・37〜38）とペテロたちに祈りを求められました。ところがこの詩篇では、主に向かって「起きてください」と要求しています。何という大胆な祈りでしょうか。今、私たちの国、私たちの教会の現状を見て、この叫びが起こらないでしょうか。主は眠っておられるように思われませんか。主の御顔は隠されているように思われませんか。今こそ、この国と私たちの教会にリバイバルを求める、このような大胆な祈りが求められてはいないでしょうか。

本篇は個人的な詩篇ではなく、国民的、神の民の詩篇です。1〜3節は過去の歴史の中での主のみわざ、4〜8節は神への全き信頼、9〜22節は一転して、諸国の中で笑い草、笑い者にされている神の民の現状、そして23～26節は、それゆえに「主よ、起き給え」とのリバイバルの切願へと続きます。

本篇が、歴史的に見てダビデの時代の作か、ヒゼキヤ王時代のアッシリア軍来襲時の作かは不確かであっても、危急存亡の国難時での神の共同体の神への訴えであることには変わりありません。その厳しい試練の中で、過去における神の民の勝利が、ただ神の御手、神の御腕、神の御顔の光によるものであると告白します。そしてこれからも、自分の弓にも剣にも頼まず、ただひたすらに主を拠り頼むと告白するのです。さらに悩みと虐げの中で鬱積する祈りが爆発します。「主よ、起きてください！」と。

礼拝出席者や受洗者の減少、教会財政の逼迫、超教派の働きの衰退という現実を認めつつ、今こそ、「主よ、起きてください」と共に祈ろうではありませんか。「起こし給え　リバイバルを」と共に祈ろうではありませんか。

［祈り］主よ、起きてください。御顔を現してください。神の民を奮い立たせ、救われる者を与えてください。

王と王妃にささげる祝婚歌

［詩篇45篇］

勇士よ　あなたの剣を腰に帯びよ。／あなたの威厳とあなたの威光を。／あなたの威光は勝利のうちに進み行け。／真理と柔和と義のゆえに／あなたの右の手はあなたに教えよ。／恐るべきわざを。（3～4節）

コラの子たちのマスキールの歌が続きます。コラはモーセやアロンのいとこ（出エジプト6・18～21参照）、コラの子孫は主を賛美する輩《やから》です（Ⅱ歴代20・19）。マスキールは教訓詩とも言われます。「ゆりの花」の調べ、「愛の歌」は本篇の基調と言えるでしょう。

王と異邦の王妃の祝婚歌といえば、ソロモンの結婚式を想起します。しかし霊的には、王なる花婿である主イエスと救われて主の花嫁となった私たちへの祝婚歌と言えます。そう思えば、1節にあるように心は沸き立ち、喜びは溢れます。前半の2～9節は、花婿なる王への祝歌、後半の10～17節は花嫁なる王妃への祝歌です。

まず、私たちの王なる花婿に注目しましょう。その麗しさ（2節）、その唇から流れ出る優しい言葉（2節）、その威光と勝利（3、4節）、その罪人を刺す力（5節）、その永遠の権威と支配（6節）、その喜びの油（7節）！　主イエスはあなたにとって、このようなすばらしい王なる花婿なのです。

次に、主の花嫁なる私たちへの勧告と約束に注目しましょう。「娘よ　聞け。心して耳を傾けよ。／あなたの民と　あなたの父の家を忘れよ」（10節）。花婿に心奪われ、世と世につけるものを捨て、主に身も魂も献げよ、との勧めです。使徒パウロは、「私の主であるキリスト・イエスを知っていることのすばらしさのゆえに、私はすべてを損と思っていますます」（ピリピ3・8）と告白します。誰でも主イエスのすばらしさを知れば知るほど、今まで価値があったものが塵芥に見えるという価値の大転換を体験します。その花婿なる主への献身に応え、驚くべき約束が伴います。主の愛は表され（11節）、主にひれ伏し（11節）、他の者から慕われ（12節）、主の花嫁として美しく着飾られ（13〜14節）、他の人にまで救いが及ぶ（16節）と言うのです。ハレルヤ！

［祈り］主よ、あなたは私の王なる花婿です。私を永遠にあなたに結びつけ、あなたのものとしてください。

神はわが避け所また力

［詩篇46篇］

神は　われらの避け所　また力。／苦しむとき　そこにある強き助け。（1節）

アッシリアの大軍がエルサレムを包囲します。ヒゼキヤ王はイザヤに祈りを求めます。驚くことに、一夜にしてアッシリア軍十八万五千は全滅するのです。神はわが避け所また力、悩める時のいと近き助け、は現実の歴史となりました。二〇一七年は宗教改革五百年の記念の年でした。改革者ルターはこの詩篇に立ち、宗教改革の激しい嵐の中で、「神はわがやぐら、わが強き盾、苦しめる時の近き助けぞ」と歌いました。この詩篇がどれだけ多くの信仰者を力づけてきたか知れません。

三つのセラ（小休止して考える）は三つのコーラスとなり、読む者の心に、大いなる平安、大いなる喜び、大いなる勝利の調べを響かせます。

1～3節。神はわれらの避け所！　神に逃れこむ時、神は力となり、苦しむ時のそこにある強き助けとなってくださるのです。いかなる天変地異、歴史の激動の中でも恐れない、大いなる平安があるのです。

4～7節。一つの川あり！　その名は喜びの川です。私たちの内に住まわれる聖霊は、私たちを喜びに溢れさせ、私たちを揺るぎない者としてくださるのです。

8～11節。来て、主のみわざを見よ！　主の驚くべき勝利です。かつてセンナケリブの大軍の弓を折り、槍を断ち、戦車を火で焼かれた主、宗教改革を勝利へと導かれた主は、今も神を避け所とする者に、この大勝利を約束されるのです。

静まれ、やめよ、主こそ神であることを知れ！　きょうも私たちのわざを止め、神を避け所とし、私たちの神がどんなにすばらしいことをしてくださるかを知ろうではありませんか。万軍の主が共におられるところに、大いなる平安と大いなる喜びと大いなる勝利があることを体験的に知りましょう。

［祈り］万軍の主よ、あなたは今日も私たちと共におられます。あなたこそ、私たちの大いなる平安、喜び、そして勝利です。今、あなたに身を寄せます。

全地を治める大いなる王

［詩篇47篇］

すべての国々の民よ　手をたたけ。／喜びの声をもって　神に大声で叫べ。（1節）

46篇を受け、全地を治める神への賛歌が本篇です。次の48篇は、その神が住まわれる都の栄光が歌われます。ですから46、47、48篇は一連の詩篇です。

アッシリアの大軍を破り、ユダの王ヨシャファテにも大勝利をもたらせた主（Ⅱ歴代20章）は、全地を治める王として、やがて千年王国期に君臨されます。まさに本篇はキリスト預言の詩篇と言えるでしょう。

1、6、7節では、われらの神への賛美の呼びかけが繰り返されます。手をたたき、大声を上げ、ほめ歌を歌え、というのです。では、われらの神はどのようなお方でしょうか。まず、われらの神は、全地を治める大王（2、3、7、9節）、もろもろの国民を足の下に従わせるお方です。なんと広大なるお方でしょうか。主イエスが再臨され、ご自身の王国を築かれる時、この預言は成就するのです。

次に、われらの神は、高く上げられる王です（5、8節）。主はラッパの声と共に上り、聖なる王座に着かれるのです。エペソ人への手紙4章8節、テモテへの手紙第一3章16節の成就です。復活、栄光、昇天の主を想い起こします。

最後に、われらの神は、アブラハムの契約を成就される王です（4、9節）。ヤコブの誉れとは約束の嗣業の地カナン、アブラハムの神の民とは、創世記12章3節、17章4節が成就して諸国民が神の民となることです。

全地を治める王、高く上げられる王、アブラハムの契約を成就する王、広く、高く、長く統べ治められる王、このお方をほめたたえましょう。手を打ち叩き、喜びの声を上げ、巧みな歌をもって、力の限り賛美しましょう。ここに躍動する賛美、喜びの賛美、訓練された巧みな賛美があります。賛美のあるところに悪魔は退き、賛美のあるところに主は臨在されるのです。

［祈り］主よ、あなたは全地を治める王、高く上げられた王、約束を成就される主です。あなたを心の底から賛美します。あなたが全地に崇められますように！

神の都シオンの栄光

［詩篇48篇］

主は大いなる方。／大いにほめたたえられるべき方。／主の聖なる山／私たちの神の都で。（1節）

大いなる王の都シオンには、そこに住まわれる見えざるお方の栄光が見える形で現れています。現代の会堂建築に常に求められているモチーフもそれなのです。

1～3節は、栄えある神の都の描写です。大いなる王、聖なる王、美しき王の栄光を、うるわしきシオンの高嶺、都の宮殿、砦に神自ら現されたと歌います。

4～8節は、威厳ある神の都の描写です。都に攻め上る敵が神の都シオンを前に、驚き、おじ惑い、慌て、震え上がり、敗走するさまが描かれています。実に神の都シオンは強固で威厳があり、攻め来る王たちは産婦のような苦痛に襲われ、東からの強風に煽られるタルシシの船のように打ち破られるというのです。

9～11節は、喜びと楽しみの神の都の描写です。そこに住む神の民は、神の慈しみと誉れ、神の右の手の勝利と裁きを深く思い、シオンの山を喜ばせ、ユダの娘を楽しませてください と祈ります。

12〜14節は、永遠の神の都の描写と言えるでしょう。「神は都をとこしえに堅く立てられる」（8節）のです。そして「シオンを巡り　その周りを歩け。／その塔を数えよ。／その城壁に心を留めよ。／その宮殿を巡り歩け」と勧めています。それは主が後の代まで語り伝えるためでした。

ところが、やがてシオンの都の栄光が消え去る時が来ます。バビロン軍の来襲により跡形もなく崩れ、さらにローマ軍により、都は血の海と化しました。しかし、目に見えるシオンの都は崩れても、「神は都をとこしえに堅く立てられる」と約束されたように、主イエスの贖いの帰結として、真の永遠の都が聖書の最終章、ヨハネの黙示録22章に現れます。今、見えない神の栄光が、私たちの会堂にも見える形で現されますように！


［祈り］主よ、見えない神の栄光が私たちの教会に見える形で現され、悪の勢力が撃退されるように祈ります。

生と死の謎の解明

［詩篇49篇］

私はたとえ話に耳を傾け／竪琴に合わせて　謎を解き明かそう。（4節）

「人生不可解」の言葉を書き残し、旧制一高生・藤村操は華厳の滝に身を投じました。生と死の謎が解明されるとすれば「覚者」です。謎が「ほどけた」仏様と言えるでしょう。釈迦もこの謎が解け、安心立命、涅槃《ねはん》の境地を求めました。プラトンの言う哲学者王も、この謎が解け、イデアの世界を追求しました。

本篇は37篇、73篇に通じる知恵の詩篇です。ヨブ記、箴言、伝道者の書と類似した思想が流れています。生きながらにしてほとけた者、知恵者、伝道者となる道が、ここに秘められています。

1〜4節は全人類に向かっての知恵の説き明かしの呼びかけです。時空を超えて、低きも高きも、富者も貧者も耳を傾けよ、との呼びかけです。

5〜14節は人生の空しさが語られます。まさに諸行無常の響きです。富の空しさ（6、

7節)、知恵の空しさ(10節)、名声、栄華の空しさ(12節)、容姿、形の空しさ(14節)が切々と語られています。「古池やかわず飛びこむ水の音」。苔むす古寺の池にかわずが飛びこみ、ポチャン、という哀音が森閑とした空間に消えていく。「空の空、空の空、すべては空」の世界です。

15〜20節は人生の悟りの呼びかけです。富や栄華のはかなさと、それらを羨むことへの警告です。しかし、人生はこれで終わりではない、ここに驚くべき希望の光が投じられています。「しかし　神は私のたましいを贖い出し／よみの手から　私を奪い返してくださる」(15節)というのです。空の世界を突き破る、信仰者の勝利の雄叫びでしょう。

聖書には真の知恵が満ちています。まさに聖書は、人生と死の謎解きの書です。人生の哀音ではなく、喜びの訪れの響きが響き渡る福音の書です。

［祈り］主よ、あなたこそ人生と死の謎を説き明かされるお方です。私のたましいをよみの手から奪い返し、とこしえのいのちへと導いてくださるお方です。

愛神愛隣に生きる

［詩篇50篇］

感謝のいけにえを献げる者は／わたしをあがめる。自分の道を正しくする人に／わたしは神の救いを見せる。（23節）

愛神愛隣！　神を愛し、隣人を愛する。律法の全体はこの二つの戒めに集約されると主イエスは言われました（マタイ22・40）。本篇の主旋律もこれに尽きます。神を愛する真実な礼拝、隣人を愛する真の道徳性、本篇の教訓はここにあるのです。アサフはダビデ時代の礼拝音楽家（Ⅰ歴代6・39ほか）、73〜83篇の表題にも見られます。いずれも教訓的な詩篇です。

1〜6節は神の法廷への召集です。召集される者は全地に住む者（1節）、神の聖徒、敬虔な者（5節）も含まれます。神自らが裁き主、その威光が神の法廷に現されます。誰も避けることのできない実に厳かな審判です。

7節から、神の裁きが宣告されます。7〜15節が真の礼拝について、16〜21節が真の道徳生活についての裁きの宣告です。いかに真実に神を愛し、隣人を愛したかが問われます。22〜23節は警告と約束、感謝のいけにえと正しい道は神の救いの両軸です。

「聞け　わが民よ」（7節）と裁きはまず、神の民から始まります。与えられた恵みの光に従っての裁きの順序です。神の聖徒、聖職者への恵みは多大、それだけに責任も多大なのです。私たちの礼拝生活に偽善的、形式的、自己満足的なものはないでしょうか。主は欺瞞的な全焼のささげ物を決して好まれません。主が求められるものは、感謝のいけにえ、誠実な献身、切実な祈りです（14〜15節）。神を愛するとは、いつも喜び、すべてのことを感謝し、自分のからだを神に喜ばれる、生きた、聖なる供え物として献げ、そして絶えず、特に苦難の日に主に祈り、叫び、呼び求めることなのです。

私たちの道徳生活はどうでしょうか。ジョン・ウェスレーは、「愛は罪を排除する」と言いました。真に隣人を愛するなら、憎悪、盗み、姦淫、偽り、罵りの罪（17〜20節）の宿る余地はないことを知りましょう。


［祈り］主よ、真実に愛をこめてあなたを礼拝し、真実に愛をこめて隣人と生活する者としてください。

砕けた悔いた心の叫び

［詩篇51篇］

神へのいけにえは　砕かれた霊。／打たれ　砕かれた心。／神よ　あなたはそれを蔑まれません。（17節）

本篇は悔い改めの七詩篇中、四番目の詩篇です。時間の順序からすれば悔い改めの詩篇中最初のもの、内容的にも最高の悔い改めの詩篇と言われています。実に天の御国は地獄を貫いて実現します。バテ・シェバとの姦淫というダビデの生涯中最大の不祥事の後、地獄の苦しみの中で砕かれ、ついに彼は輝かしい天の御国へと導かれたのです。

1～4節は深刻な認罪と赦しの求めです。ダビデは主の豊かな恵みとあわれみに寄りすがり、ただ主に向き合い、私の背き、私の咎《とが》、私の罪と赤裸々に自分の罪を認め、正直に告白します。そして犯した罪を拭い去り、洗い去り、きよめてくださいと求めます。

5～9節は内在の罪の告白と聖めの求めです。彼は犯した罪を告白するのみか、「ご覧ください。私は咎ある者として生まれ／罪ある者として　母は私を身ごもりました」（5

節）と生まれながらの罪をさえ告白するのです。自分をツァラアトの病が全身に及んでいる汚れた存在であると認め、ヒソプをもってきよめてくださいと訴え、雪よりも白くなるとの確信を抱くのです。

10～13節は新創造の求めです。「神よ　私にきよい心を造り」は「きよい心の創造」を意味します。その心に新しい、正しい霊（口語訳）、揺るがない、聖なる霊、自由な霊（口語訳）、仕えることを喜ぶ霊は満ち溢れ、救霊のみわざに勤しむというのです。

14～17節は感謝の証しと砕けた心の告白です。彼は声高らかに主の救いを賛美し、打たれ砕かれた心こそ神が受けられる供え物であることを証しします。

18～19節は信仰復興の渇望です。一個人になされたリバイバルはシオンに恵みを施し、打たれ砕かれた心という全焼のささげ物の恵みはエルサレム全体に及ぶのです。

深刻な認罪と告白、赦しと聖め、新創造と聖霊の傾注、伝道、賛美、リバイバルが本篇に躍動しています。

［祈り］主よ、あなたの救いは何と驚くばかりの恵みでしょうか。この救いを賛美し、この救いを伝えます。

偽りの勇士か真の勇士か

［詩篇52篇］

勇士よ　なぜおまえは悪を誇りとするのか。／神の恵みはいつもある。（1節）

偽りの勇士か、真の勇士か。本篇は対照的な二者の勇士を描いています。それはまたダビデと彼の敵ドエグの姿を表していると言えるでしょう。ダビデはサウル王の妬みのゆえに逃亡中、ノブの祭司アビメレクの家を訪れます。そこで彼は聖別されたパンとゴリヤテの剣を与えられ、神の守りと養いを確信します。ところがそこにギラリと光るドエグの目がありました。ドエグはサウル王に密告、アビメレクを始め、八十五人の祭司が殺害されることになりました。

1～5節はドエグの姿、つまり偽りの勇士の姿が描かれています。エドム人ドエグは、サウル王の「牧者たちの長」（Ⅰサムエル21・7）であり、かなりの富と権力をもった人物であったと思われます。かつてドイツの鉄血宰相ビスマルクが「我は神のほか何ものをも恐れない」と言うや、日本の某大将が「我はその神をも恐れない」と言い放ったとのこと。

その時点で日本の悲惨な将来は予測されていたと言えるでしょう。他者の災いを誇り、敗北を企み、悪事と虚偽と滅亡をこよなく好む。これがドエグの姿でした。しかし、神は黙ってはおられません。偽りの勇者を「打ち砕いて倒し、引き抜き、根絶やしにされる」神の峻厳な裁き（5節）が厳然と定められていました。

一方、真の勇士であるダビデの告白（6～9節）は何と麗しいでしょうか。ダビデは偽りの勇士を「見よ　彼こそは／神を力とせず／自分の大きな富に頼り／破滅のわざを勝ち誇る者」（7節）と言い、「しかし私は　神の家に生い茂るオリーブの木。／私は世々限りなく　神の恵みに拠り頼む」（8節）と告白します。富や権力を頼まず、ただ神のみを頼み、避け所とする。「頼みても頼みなきこそ頼みなれ、頼みなき身は神を頼まん」（奥野昌綱）と歌われるような、寄るべなき真の勇士の姿がそこにあります。神の家にある緑のオリーブの木のように、生気に溢れ、美しく、実を豊かに結ぶ。そしてとこしえに主への感謝、賛美、待望に生きる者こそ、真の神の勇士と言えるでしょう。

［祈り］主よ、私をあなたの家に植えられたオリーブの木のような実を結ぶ真の勇士にしてください。

愚かな者の恐れ

［詩篇53篇］

見よ　彼らは恐れのないところで　大いに恐れた。／神が　あなたに陣を張る者の骨を散らされたのだ。（5節）

本篇には、詩篇14篇同様、人間の愚かさ、罪深さが端的に歌われています。愚かな者の正体は何でしょうか。一言にして言えば、心の中で「神はいない」と言う者（1節）、実生活において「神を呼ばない」者（4節）と言えるでしょう。その神を否定する者の心と生活には、腐れ、不正、不善、神への反逆、堕落、神の民への圧迫、そして恐れが満ちているのです。これが主イエス・キリストの救いを知らないすべての者の姿であり、私たちのかつての姿でもありました。

私たちは主イエスの救いを受け、神との正しい関係を持つ者となりました。しかしある時、一人の牧師が信者に向かって、「皆さんは、神様のご存在も、神様のご支配も認めておられても、日々、祈っておられますか。もし、神への祈りも求めもないとすれば、それは実践的な無神論者です」と語られたとのことです。「神を呼ばない」愚かな者にならないで、神の民の信仰復興が、贖いが成就されたシオン、また贖いの恵みの中心である教会から始まり、その恵みが全世界に及ぶように真剣に祈り求める者となりましょう。

神を認めず、神に祈らない愚かな者には、「恐れのないところで　大いに恐れた」（5節）とあるような恐れ、「なんとなしに不安」という恐れがあるのです。この恐れこそが、無神論者の最大の特色と言えるでしょう。貯蓄や生命保険も真の安心や安全を保証しません。未来の不安を取り除くことはできません。信仰者と不信仰者の分かれ目は、この「恐れ」があるかないかにかかっています。恐れを取り除くものは、全き愛です。「愛には恐れがありません。全き愛は恐れを締め出します」（Ⅰヨハネ4・18）。この神の愛を知らない不信仰者には、潜在的に裁きの日の恐れがあるのです。しかし、信仰者にはキリストの圧倒的な愛のゆえに、この裁きの日にも少しも恐れず、御前に立つことができるとの確信があることを深く感謝したいものです。

［祈り］主よ、あなたは完全な愛をもって私たちを恐れから解放してくださったことを心から感謝します。

いのちを守られる主

［詩篇54篇］

見よ　神は私を助ける方。／主は私のいのちを支える方。（4節）

サウル王の迫害の下、逃亡するダビデに、勇気と慰めを与える友と、彼の居場所を密告する者たちがいました。前者はヨナタン、後者はジフ人です。ヨナタンはサウル王の王子でありながら、「自分を愛するほどにダビデを愛していた」のです（Ｉサムエル20・17）。彼はジフの荒野のホレシュに身を潜めるダビデのところに行き、「神によってダビデを力づけた」というのです（同23・16）。孤独と恐れの中にある者を命がけで味方する者、逆にさらなる窮地に追い込む者、まさに対極的な人間模様です。

「見知らぬ者たちが　私に立ち向かい／横暴な者たちが　私のいのちを求めています」（3節）は、その時のダビデの実感でしょう。その窮地の中で彼は、「神よ、神よ」と切実に救いを求めます。「彼らは神を前にしていない」（3節）は、「私はいつも　主を前にしています」（詩篇16・8）と言い表すダビデの臨在信仰とは真逆です。

セラで一呼吸したあと、本篇は一変します。「見よ　神は私を助ける方。／主は私のいのちを支える方」（4節）。神は彼に揺るぎない信仰の確信を与えられました。危機的状況は少しも変わりません。しかし、その暗黒の中に主の臨在は輝き、ダビデは主の勝利と敵の敗北を見ました。ですから彼は喜びをもっていけにえをささげ、御名に感謝をささげています。

「あなたはすべての悩みからわたしを救い、わたしの目に敵の敗北を見させられたからです」（7節、口語訳）。これが信仰の祈りです。信仰の目は敵の滅びをすでに目撃しているのです。ダビデの神はきょうも私たちの神です。ところが「さてダビデはサウルが自分の命を求めて出てきたので恐れた」（Ｉサムエル23・15、口語訳）と歴史書は記します。これがダビデの実体でした。事実、彼は「恐れた」のです。逃げ回っていたのです。しかしそのダビデに救いを確信させ、敵の敗北を目撃させられた神は、なんと驚くべきお方でしょうか。

［祈り］主よ、どのような危機的状況の中でもあなたに祈り、信仰による勝利の確信を与えてください。

あなたの荷を主にゆだねよ

［詩篇55篇］

あなたの重荷を主にゆだねよ。／主があなたを支えてくださる。／主は決して／正しい者が揺るがされるようにはなさらない。（22節）

「まことに　私をそしっているのは敵ではない。／それなら私は忍ぶことができる。／私に向かって高ぶっているのは／私を憎む者ではない。／それなら私は身を隠すことができる」（12節）。いったい誰がダビデをそれほどまでに苦しめ、悩ましたのでしょうか。「それは　おまえ。／私の同輩　私の友　私の親友のおまえなのだ。／私たちは　ともに親しく交わり／にぎわいの中　神の家に一緒に歩いて行ったのに」（14節）。親友に裏切られる。これほどの苦しみがあるでしょうか。その友は誰だったでしょうか。断定はできませんが、アブサロムの謀反に与《くみ》したダビデの議官アヒトフェルの顔が思い浮かびます。

本篇1～8節のダビデの苦悩、9～15節の憤りの原因は、この友人にありました。神の都シオンの美、権威、慈愛、歓喜は失せ、暴虐、争い、害毒、虐待、欺きの横行も、この友の計略に起因していたのです。しかしダビデの祈りは一転、天に抜け、16節から「私が神を呼ぶと／主は私を救ってくださる」（16節）と主への信頼は漲《みなぎ》り、友人の滅亡を確信するのです。

ダビデの子、主イエスもこの捨てられるという苦悩を味わい尽くされました。十二弟子の一人ユダに裏切られ、弟子たちに去られ、群衆からは「十字架につけよ」と叫ばれ、ついには御父からさえも捨てられました。「ブルータス、お前までもか。」腹心の友から刃を突きつけられた時のジュリアス・シーザーの驚愕の言葉です。こうして捨てられる理由なきお方が捨てられ、捨てられて当然の私たちが捨てられないという救いが確立しました。この救いを成就された慈しみ深き友なるイエスは、私たちの悩みも苦しみも、悲しみも痛みも、すべてをご存じで「あなたの重荷を主にゆだねよ」と語られます。この22節こそ、特に対人関係に悩む友への呼びかけなのです。

［祈り］主よ、あなたこそ、裏切られ、私たちの罪を負い、神から捨てられ、救いを成就された真の友です。

わたしの涙をあなたの皮袋に

［詩篇56篇］

あなたは　私のさすらいを記しておられます。／どうか私の涙を　あなたの皮袋に蓄えてください。（8節）

慈しみ深い主は、私たちの嘆きも涙も、深くみこころに留めてくださいます。ダビデは表題にあるように、もの言わぬ鳩のように故郷から遠く離れ、ペリシテの地をさまよっていました。その時の哀愁が本篇の背景にあります。単身で英国留学中、大空に一筋の雲を引くジェット機を見上げた途端、たまらないホームシックに襲われた経験があります。一国の王が異国の地をさまよい、髭によだれを流し、狂人の振る舞いをする、その恐れと孤独とはどんなものだったでしょうか。

本篇は前半の1～7節に、他者を泣かせる冷酷な行為が記されています。他者を踏みつけ、虐げ、妨害し、命を窺うという残忍な行為です。ところが後半の8～13節には、これとは対照的に人の涙を拭うあたたかい神の愛の行為が記されています。さすらいの涙を覚え、敵を退け、主を信頼する者を守り、恐れを取り除き、讃美と献身へと導く愛の行為です。

ですからダビデは「神に信頼し　私は何も恐れません。人が私に何をなし得るでしょう」（11節）と歌います。そして、魂を死から救い、その歩みを守り、いのちの光のうちで神の前に歩ませてくださる主の三重の恵みを証しするのです。

涙を主の皮袋に！　主は私たちの嘆きを数え、涙の一滴一滴をご自身の皮袋に蓄えられます。ご自身の記憶の書に、私たちの涙は一滴もらさず記憶されるのです。一九六一年五月、東京都体育館で開催された東京クリスチャン・クルセードにおいて、説教者ボブ・ピアス博士の頬につたわる一筋の涙は、筆者を伝道者生涯へと導きました。他者に苦しめられる涙、試練の中で流す涙、主のために流す涙、滅び行く同胞への涙の祈り、それら一滴一滴は主の皮袋に蓄えられ、栄光の朝、朝日に輝く朝露のように輝くのです。

［祈り］主よ、あなたは私たちの涙を蓄え、栄光の朝、それを輝かせてくださることを信じ、感謝します。

洞窟からリバイバルを祈る

［詩篇57篇］

神よ　あなたが天で／あなたの栄光が　全世界であがめられますように。（5、11節）

あなたの栄光が全世界であがめられますように！　この聖句を読むたびごとに、晩年の澤村五郎先生を思い起こします。関西聖書神学校の校長として塩屋聖会の責任を負っておられた晩年、聖会標語聖句として数年にわたって掲げられた聖句がこれでした。主の栄光が全地に！　言うまでもなくリバイバルの祈りです。最晩年の先生の祈りは、これに尽きました。

ダビデは洞窟からこの叫びを上げています。サウル王の追跡を逃れ、アドラムの洞窟に身をひそめた彼は、主の御翼の陰を避け所として主にあわれみを求めています（1～3節）。そして周辺からジリジリと迫る身の危険をありのままに主に訴えます（4～6節）。ところが、その洞窟の中で驚くべき信仰の確信が与えられました。「神よ　私の心は揺るぎません。／私の心は揺るぎません。／私は歌い　ほめ歌います」（7節）と、揺るぎない確信を主に向かって表明するのです（7～11節）。

リバイバルの祈り、それは「私をあわれんでください」という個人の祝福を求める祈りから、「主よ　私は国々の民の間で　あなたに感謝し／もろもろの国民の間で　あなたをほめ歌います」（9節）と諸国、全地に及ぶ祝福を求める祈りです。

リバイバルの祈り、それは闇の中から暁を呼び覚ます祈りです。リバイバルの祈り、それは洞窟から天に及ぶ慈しみ、天に及ぶまこと、全天と全地に及ぶ主の栄光を求める祈りです。個人から諸国民へ、暗夜から暁へ、洞窟から全天全地へ及ぶ主の栄光と祝福、これこそがリバイバルです。

全身を管で巻かれた集中治療室からでも宣教の幻を見ることができます。第二次世界大戦の最中、獄中で蔦田二雄先生はイムマヌエル総合伝道団の幻を見ました。洞窟の中からでも、「栄光を全地に！」と叫ぶ祈りを私たちもすることができますように。


［祈り］主よ、暗き洞窟からリバイバルを求めたダビデのように、今、この私からリバイバルを始めてください。

耳をふさぐ耳の聞こえないコブラ

［詩篇58篇］

「まことに　正しい人には報いがある。／まことに　さばく神が地におられる。」（11節）

耳をふさぐ毒蛇！　なんとも不気味な存在です。耳の聞こえないコブラがなおも故意に耳を閉ざし、蛇使いの呪文を聞こうとしないというのです。3～4節の描写は、原罪の猛毒をもち、良心の声も神の声も聞こうとしない人間本来の姿を描いていると言えるでしょう。

本篇の背景は不明です。サウル時代の迫害下のものか、アブサロムの謀反時代のものか、ずっと後代の預言者時代のものか、不確かです。言えることは、どのような時代であれ、不正を行う厚顔で悪質な権力者に対する厳しい批判と公正な神の裁きを求める祈りが常に必要であるということです。

1～2節は不正な権力者への非難、3～5節は不正な権力者の実体、6～9節は公正な審判を求める祈り、11〜12節は正しい者の勝利と確信です。

　耳を閉ざすコブラ、それは呪いと裁きの対象です。ですから詩人は6節から主に向かってそのコブラの裁きを求める凄まじい祈りを展開します。歯を折る、牙を打ち砕く、水のように消え去る、干上がる、なめくじのようにどろどろに溶ける、死産の子のようにする、吹き払われる。これが耳を閉ざす毒蛇への審判なのです。こうして正しい者は報われ、神の正義と公儀は確立されます。

　地上の不義を神は決して見過ごされません。私たちもこの詩人のように地上で神の正義が確立されるように祈り、戦わねばなりません。B・F・バックストンの祖父トーマス・フォーエル・バックストンも奴隷制度廃止のため、英国議会で熾烈な戦いを展開しました。

　それとともに耳を閉ざす毒蛇をわが身に当てはめ、主イエスがその呪われた蛇となり、十字架の上で神に呪われ捨てられ、贖いのみわざを成就してくださったことを覚え、その恵みを深く感謝したいものです。


［祈り］主よ、地上にあなたの正義を確立してください。毒蛇の姿をわが身に当てはめ、御救いを感謝します。

わが力なる神

［詩篇59篇］

私の力よ　私はあなたにほめ歌を歌います。／神は私の砦　私の恵みの神であるからです。（17節）

「サウルはダビデの家に使者たちを遣わし、彼を見張らせ、朝に彼を殺そうとした」（Iサムエル19・11）。これが本篇の背景です。ダビデは神に助けと救いを切願し（1～2節）、敵の悪しき企てを述べて祈り（3～7節）、神への信頼を告白し（8～10節）、敵の敗北を祈り（11～15節）、ついには勝利を確信するのです（16～17節）。

まず、詩人の祈りの切実さに注目しましょう。「救い出し」「引き上げてください」「救ってください」「目を覚まし……見てください」。神に向かって、このように切実に助けと救いを嘆願する者は幸いです。

次に、詩人がいかに敵の正体と行為を正確に捉えていたかを見ましょう。「敵」「向かい立つ者」「不法を行う者ども」「人の血を流す者」が、待ち伏せし、襲いかかろうとし、走り回って身構え、犬のように吠えて町をうろつき回るというのです。

　敵の実体を見据えるとともに、そうした中で詩人は神をこのように告白します。「私の力」（9、17節）、「私の砦」（9、16、17節）、「恵みの神」（10節）、「私たちの盾」（11節）、「私の逃れ場」（16節）と。

　これが詩人の神体験でした。頭で知識的に神を知るのではなく、厳しい迫害の中で詩人は、神とはどのようなお方であるかを体験的に知ったのです。「あなたは、神は唯一だと信じています。立派なことです。ですが、悪霊どもも信じて、身震いしています」（ヤコブ2・19）とあるように、神についての正確な知識を答案用紙に表すなら、間違いなく悪魔は百点を取るでしょう。しかし、その知識には人格的な交わりにおける神知識はゼロです。

　詩人は迫害の最中、わが力なる神、わが高きやぐらなる神、わが盾、わが避け所なる神、慈しみを賜る神を、人格的に体験的に知ったのです。神を体験的に知る。ここにこそキリスト者の力の源泉があるのです。


　［祈り］主よ、どのような試練の中でもあなたに近づき、あなたを体験的に知る者としてください。

敗北から勝利へ　［詩篇60篇］

神にあって　私たちは力ある働きをします。／神が　私たちの敵を踏みつけてくださいます。（12節）

勝利の美酒に酔いしれる。これは世の常です。しかし敗北から多くのものを学び取ってこそ、真の勝者は育ちます。土俵で破れた力士が支度部屋への帰り際、悔しい思いを押し殺してテレビのリプレイの映像に見入る姿をよく見かけます。本篇は敗北の中で作られた詩篇です。背景はサムエル記第二8章、ダビデ軍は北方で勝利を収めるものの、南方ではエドム軍に破れ、軍の長ヨアブを派遣しエドム軍一万八千を撃退します。

ダビデは深刻に敗北を認め、勝利は主から来るように、敗北も主から来るものとして、へりくだって主による回復を求めます（1～3節）。敗北を神の憤りによるものと受け止めたダビデは、苦しみ祈る中で神の勝利の印として「旗」を仰ぎます（4～5節）。そして「神は聖所から告げられました」とシェケムやスコテやギルアデなどの具体的な地名をあげ、勝利の約束を獲得します（6～8節）。最後は全く神に信頼して、勝利を不動のものとするのです（9～12節）。

「あなたは　あなたを恐れる者に／旗を授けられました。／弓から逃れた者をそこに集めるために」（4節）。一つの旗！　これは主の臨在の印です。サタンを撃破する十字架の軍旗と言えるでしょう。御旗の下への結集、ここに勝利への道が約束されます。サムエル記第二8章を見ると、ダビデは馬の足の筋を切り、徹底して主にのみに寄り頼みます。人の助けは空しい。勝利はただ主から来る。これが勝利の秘訣でした。

サタンの誘いにより破れた者をいかに回復するか。その道筋を本篇から教えられます。どこから信仰の道を踏み外したか、悔い改めて主の憐れみと回復を求める。主が立てられた十字架の御旗の下で徹底して砕かれ、赦され、きよめられ、癒やされ、臨在の主を仰ぐ。主の約束の言葉を受け、全く主により頼んで勝利への道を進む。私たちの神は実に回復の神なのです。

［祈り］回復の神よ、どんな敗北の中からも私たちを取り扱い、勝利の道へとお導きください。

及びがたいほどの高い岩に

［詩篇61篇］

私の心が衰え果てるとき／私は地の果てから　あなたを呼び求めます。／どうか　及びがたいほど高い岩の上に／私を導いてください。（2節）

地の果てから及びがたいほどの高い岩へ。身は都から離れ、魂はエルサレムを慕い、慟哭します。しかし詩人はその地の果ての慟哭の中から、魂を及びがたいほどの高い岩へ引き上げてくださいと求めます。こうして本篇は、前半の1～4節の地の果てからの叫びと祈りから、セラ（小休止）が入り、後半の5～8節の確信と感謝の祈りへと進みます。

わが心が衰え果てるという霊的状態から、及びがたいほどの高い岩に登りたいとの祈りは、何という大胆な求めでしょうか。私たちにもこうした霊の最高水準の恵みを渇き求める祈りがあるでしょうか。かつて澤村五郎先生の信仰経歴「迷い子の旅日記」が、小島伊助先生主筆の「福音」誌に連載されたことがあります。それを見ると、画一的な新生、献身、きよめ、聖霊の満たしなどの経験にとどまらないで、生涯貪欲なまでに「及びがたきほどの高い岩」なる霊的最高水準の恵みを追求された澤村先生の姿を見ることができます。その「迷い子の旅日記」は後にいのちのことば社から出版されましたが、それを読むと、先生は神ご自身と最高水準の霊の恵みを求めた「永遠の求道者であった」ことがわかります。

及びがたいほどの高い岩に登るとは、3〜4節にある嵐の中での「避け所」、敵に対する「強いやぐら」、親しく交わる「あなたの幕屋」、愛の守りの「御翼の陰」を意味するでしょう。さらに5〜6節に、王者としてのキリスト者に求められる恵みとして、聖霊の賜物としての嗣業、永遠のいのち、神の御前での生活、恵みとまことによる保護を見ることができます。そして8節の、とこしえに御名をほめ歌い、日ごとに誓いを果たす、感謝と献身の生涯が続くのです。

地の果てから呼び求める慟哭の祈りは、及びがたい高い岩にまで魂を至らせます。主の与えられる霊の最高水準の恵みを生涯追求する者となりましょう。

［祈り］主よ、魂がいかに衰え果てるときも、及びがたい高い岩の恵みを求める者とさせてください。私は生涯あなたが与えられる最高の恵みを求めます。

沈黙してただ神を待つ

［詩篇62篇］

私の魂は黙って　ただ神を待ち望む。／私の救いは神から来る。／神こそ　わが岩　わが救い　わがやぐら。／私は決して揺るがされない。（1～2節）

リビング・サイレンス！　生ける沈黙！　かつて磐梯聖会の最中、小島伊助先生が講壇に立たれ、祈り出そうとしても祈りが出ない。十分、二十分、臨在の主の御前で沈黙が続く。まさにもだしてひたすらに神を待つ。会衆一同も沈黙してただ神を待つ中で、魂がいよいよ主に近づけられた経験があります。

「私が今、死の床にあって、全世界のすべてのクリスチャンに最後の言葉を伝える特権が与えられるならば、三つの言葉に要約して、『ウェイト・オン・ゴッド』（神を待ち望め）と申し上げたい」とサムエル・ブレングルは『聖潔のしおり』の中で記しています。彼は信仰の脱落はひとえに神を待ち望むことをしなかったことに最大の原因があると、胸が張り裂けるほどの痛みをもって知っていたからです。

　ダビデの信仰生涯は「ただ神を待つ」に尽きました。いかに神を待つか、沈黙して心を注ぎ出して。いつ神を待つか、いかなる時も、いかなる状況の中でも。いつまで神を待つか、神が現れるまで、救いが神から来るまで。なぜ神を待つのか、世の地位、富が息よりも軽く、神だけがわが救い、わが岩、わがやぐら、わが望み、わが力の岩、わが避け所であるゆえに。
　ウェイト・オン・ゴッド！　神を待ち望め！　ここに信仰生涯の祝福の秘訣があります。神はもだして待ち望む者にご自身を現し、語られます。「神は一度告げられた。／二度私はそれを聞いた。／力は神のものであることを」（11節）。二度神に聴く。きよい動物は「反芻するもの」と言われます（レビ11・3）。詩人はいかに神の言葉をしっかりと受け止め、これを反芻したことでしょう。そこで「主よ　恵みもあなたのものです」と応答できる魂はなんと幸いでしょうか。

［祈り］主よ、あなたをもだしてただ待ち望みます。ご自身を現し、私の救いの岩となってください。

神を渇き求める

［詩篇63篇］

神よ　あなたは私の神。／私はあなたを切に求めます。／……私のたましいは　あなたに渇き……（1節）

「あの魂は成長したね。」塩屋の学び舎ならではの会話でしょう。学力は客観的データで計れます。しかし、霊性となると話は別です。ところが魂の取り扱いや成長を渇き求める学生、それを見極める教師があってこそ、神学校は成り立ちます。小島語録の「霊は霊であってもゼロではない」は、御霊の現実の臨在、魂の霊的成長を知る者ならではの言葉です。

ご覧ください。「私のたましいは黙って　ただ神を待ち望む」（62・1）、「私のたましいは　あなたに渇き」（1節）、「脂肪と髄をふるまわれたかのように　私のたましいは満ち足りています」（5節）、「私のたましいは　あなたにすがり」（8節）と、詩人の魂は四つの段階を経て成長して行きます。意を決し神を待ち、さらに渇き喘ぎ求め、ついには脂肪と髄とでもてなされ満足し、その上でいよいよ神にすがりつく。アブサロムの反逆により身をユダの荒野に置き、霊も心も体も神ご自身を待ち、尋ね、渇き、慕い、喘ぎ求めるダビデに、神は豊かに饗応されるのです。

神を渇き求める魂に、神は三重の喜びを与えられます。それはローマ人への手紙5章1〜11節に見るキリスト者の三重の喜びと重なります。

第一は、霊的恵みに満たされる喜びです。床の上で主を思い起こし、夜もすがら主を思い巡らす中で脂肪と髄をもってもてなされ、飽きたり、喜びは口に溢れ、主を讃美する（5〜6節）。それは、信仰義認、神との平和、今立っている新生、聖化の恵み、神の栄光にあずかる栄化の恵みを喜ぶ、勝ち誇る喜びに通じます。

第二は、御翼の陰での主の助けによる喜びです（7節）。それは、聖霊により神の愛が洪水のように注がれる中で、患難をも喜ぶ剛毅さに通じます。

第三は、神にあっての喜びです（11節）。まさに神ご自身を喜ぶ歓喜です。この魂の喜びを心から満喫する者となりましょう。

［祈り］主よ、何にもまさって私の魂を恵んでください。私はあなたを待ち望み、あなたを慕います。

矢には矢をもって報復される神

［詩篇64篇］

しかし神が彼らに矢を射掛けられるので／彼らは不意に傷つきます。（7節）

完全に罪から離れる者、完全に罪を犯す者、この二者の間に神は立たれ、罪なき者を守り、罪の矢を放つ者に裁きの矢を射返されます。1～2節で詩人は悪しき者の陰謀からの守りを訴えます。3～6節では悪しき者の陰謀がどのように恐ろしいものかを詳述します。7～10節では「しかし」と一転して悪しき者への神の報復が述べられます。

悪しき者の陰謀の司令は悪魔から来ます。キリスト者の戦いは血肉に対してではなく、闇の世の主権者、天上にいる悪の霊に対するものなのです（エペソ6・12）。ですから私たちは悪しき者の策略を見破らねばなりません。まず、陰謀の対象は、「全き人に向けて彼らは隠れた所から射掛け」（4節）とあるように、罪なき者、「全き人」です。信仰者が罪から離れれば離れるほど、悪魔は狙いを定めて全き人を攻めてきます。次に、その手法は舌を剣のように研ぎ澄まし、苦い言葉を隠れた所から矢のように放つことです（3節）。

さらにその態度は、神への恐れなく、傲慢にも完全犯罪を誇らしくうそぶくのです（5～6節）。それればかりか陰謀の特質は、密かに、不意に、凝って、うまく、共謀するところにあるのです。悪事のプロ、「だれが見破ることができよう」とひそかに罠にかけ、「企んだ策略がうまくいった」とうそぶく。人の内なる思いと心とは、何と恐ろしく深いことでしょうか（6節）。

しかし、神は彼らに報復し、勝利をもたらすことを知らねばなりません。まず、神の報復は敵の武具を逆手に取ることです。矢のように放たれた苦い言葉は、矢のように彼らを射返すのです。その速さは電光石火です（7～8節）。それは人々に神への恐れを生じさせ、正しい人に喜びと主への信頼と誇りを与えるのです。エステル記7章において、モルデカイを抹殺しようとしたハマンが自分の立てた木に処刑される結果となったことを、厳かに思い起こさねばなりません。

［祈り］主よ、悪魔の策略を常に見破り、神の武具を身に着け、御霊によって勝利する者とさせてください。

神の川は水で満ちている

［詩篇65篇］

あなたは地を訪れ　水を注ぎ／これを大いに豊かにされます。／神の川は水で満ちています。（9節）

収穫の神に感謝する。一六二〇年九月、メイフラワー号に乗って新大陸に向かったピューリタンたちはピルグリム・ファーザーズ、信仰の巡礼者の父祖たちと呼ばれました。十一月、上陸を前に自主自由の個人が社会契約を結んだメイフラワー契約は、アメリカ合衆国の建国の理念となりました。過酷な冬が過ぎ、春の太陽を仰ぐことのできた者たちは、百四名中半数以下でした。春に種を巻き、秋、神は彼らの信仰に応え、豊かな収穫を与えられました。彼らは収穫の神に感謝をささげました。これがアメリカ合衆国の「感謝祭」の起源となりました。

本篇9節以下には収穫の神への感謝が絵画的に喜び踊る筆で描かれています。その収穫の感謝に先立って、罪の赦しの恵みを軸とする霊的祝福、自然界と歴史を支配する神の力について記されています。

まず、神の家の恵みについて見ましょう（1～4節）。神の家、神の教会には、讃美、献身の誓い、祈りは欠かせません。なぜなら罪の赦しの恵みがあるからです。誰しも罪の認識が深まり、罪責の念、罪の猛威が人を打ち負かす時、すべての肉なる者は救い主のもとに来て、罪を言い表し、救い主を信じて赦しの恵みにあずかります。そして神に選ばれ、神に近づけられ、神の大庭に住み、聖なる宮の恵みを満喫するのです。あなたには、この神の家の恵みがありますか。

次に、神の力の権威についてです（5～8節）。歴史の中で救いにおける神の恐るべき力、大自然の中で創造と支配における神の大能の力を見ましょう。

最後に、神の川の祝福です（9～13節）。神の川と天からの雨による農作物、牧場の豊かさが目に見えるように生き生きと記されています。ですから私たちも聖霊の大河によるリバイバルの収穫を切に求めようではありませんか。

［祈り］主よ、大地の収穫を感謝します。また神の家の豊かな霊的恵みを心から感謝いたします。主よ、聖霊の大河によるリバイバルを与えてください。

神に向かって喜び叫べ　［詩篇66篇］

全地よ　神に向かって喜び叫べ。／御名の栄光をほめ歌い／神の誉れに栄光を帰せよ。（1～2節）

公同礼拝の醍醐味は、神からの啓示と神の会衆による応答にあります。礼拝の中で聖霊は働かれ、神の救いのみわざが「神のことばの三様式」である聖書朗読、説教、見える神の言葉である聖礼典を通して啓示されます。聖霊の働きの中で、会衆はこれに応え、神に向かって讃美と祈りをささげ、献金を通して献身を表明します。啓示と応答の動的な激突、世に主日礼拝ほどの感動はありません。

本篇は、神の民を危機から救われた神のみわざに対し、感謝と讃美が全地に向かって呼びかけられ、13節からは一人称で責任をもって誓いを果たすことが述べられています。詩の全体の流れは、讃美の勧め（1～4節）、歴史に見る救いの回顧（5～7節）、試練からの救出の感謝（8～12節）、献身の誓い（13～15節）、祈禱の応答の感謝（16～20節）へと進みます。

神は、救いをほどこされる神（5～6節）、統べ治められる神（7節）、試みられる神（10～11節）、豊かな所に導き出される神（12節）、祈りに答えられる神（19～20節）としてご自身を啓示されました。ですからこの神を体験し、知ったからには、喜びと感謝とをもって讃美、祈り、献金、献身という礼拝行為が呼び起こされないはずはありません。まさにダイナミックな啓示と応答です。

わけても注目すべき救いのみわざは6節です。「神は海を乾いた地とされた。／人々は川の中歩いて渡った。／さあ　私たちは神にあって喜ぼう。」紅海を真っ二つに割り、ヨルダン川をせき止め、神の民をエジプトから救出し、乳と蜜の流れる安息の地に導き入れる。カルバリとペンテコステ、十字架による脱出と聖霊による占領のみわざの象徴です。「見える神のことば」といわれるバプテスマと聖餐式の核心は、ここにあるのです。さあ、私たちも来て神のみわざを見、その所で心から神に感謝し、神を喜ぼうではありませんか。

［祈り］主よ、あなたの驚くべき救いのみわざを感謝し、讃美と祈りと献身を御前にささげます。

諸国の民にリバイバルを

［詩篇67篇］

神よ　諸国の民があなたをほめたたえ／諸国の民がみな　あなたをほめたたえますように。（3、5節）

香登は地の果て世界の中心！　少々大それた教会スローガンに思われますが、これはすべての教会に当てはまる標語でしょう。地球が円形である以上、すべての地点は地の果てであり、世界の中心なのです。本篇に踊る文字は「諸国の民」（2、3、4、5、7節）です。主の道、主の救いの力（2節）が諸国の民に、全世界に！　世界的規模の信仰復興を求める祈りです。

英国のリバイバリスト、ジプシー・スミスはある時、路上に円を書いてその中に入り、「神よ、私にリバイバルをお与えください。それまで私はこの円の外には出ません」と祈ったそうです。リバイバルは私から始まるのです。本篇でも、「どうか　神が私たちをあわれみ　祝福し／御顔を私たちの上に／照り輝かせてくださいますように」（1節）と祈り出しています。神の教会の祝福は、諸国の祝福の導火線になるのです。「あなたの道が地の上で／御救いが　すべての国々の間で知られるために」（2節）とあるとおりです。

湖面に投ぜられた石の波紋が池全体に及ぶように、私たちの教会に投ぜられた主の祝福の波紋は地域全体に、町全体に広がっていくのです。主の救いの道が人々に知られ、主の救いの力が人々に及ぶ。これこそが教会存立の使命なのです。

一人の娘さんを教会に送り迎えしていた父親が、礼拝を終えて教会から出てくる人々の輝いた笑顔を見て、教会とはどんなところか関心を抱き、ついには娘さんと一緒に両親揃って教会に出席、ものの見事にクリスチャンホームが作られた証しを耳にします。「国々の民が喜び　また喜び歌いますように」（4節）とあるように、神の教会の喜びと楽しみが周囲の人々に及んでいくとは、何とすばらしいことでしょうか。

［祈り］主よ、私たちの教会をあわれみ、祝福し、あなたの御顔を照らしてください。そして、あなたの救いの道と救いの力が地域全体に及ぶようにしてください。

神の国の進展と拡大

［詩篇68篇］

ほむべきかな　主。／日々　私たちの重荷を担われる方。／この神こそ　私たちの救い。（19節）

実に壮大な詩篇です。かつて英国はハートフォードシャイヤーのイスニーの丘に立つ旧バックストン邸にあるオールネイションズ神学校で学んでいた時、教授たちが口を揃えて語っていたことは、世界宣教の幻は旧新約聖書の全頁に見られるということでした。本篇にもそのことが如実に現れています。選民イスラエルを軸にしながら、神の国が世界的規模で進展し、拡大していく様子が力強く歌われています。

ダビデの作か後代のものか断定は困難ですが、ダビデの作とすれば、契約の箱をオベデ・エドムの家からシオンに運び入れた時のものでしょう。本篇の導入である1～7節には立ち上がって働かれる神、それゆえに敵は恐れ、神の民は喜び踊るさまが絵に描いたように記されています。7～18節では出エジプトから約束の地への侵入、征服が歌われ、シオンに神の聖所が選定されます（15～18節）。「あなたは　捕虜を引き連れて　いと高き所に上り／人々に　頑迷な者どもにさえ／贈り物を与えられた」（18節）を使徒パウロはエペソ人への手紙4章8節で引用し、主イエスの復活、昇天、聖霊降臨に結びつけ、光の虜としての信仰者への賜物を記しています。続く19～23節では神の敵の敗北、それと対照的に24～27節では、神の民の凱旋的行列、そして28節から「あなたの神は　あなたの力を現れさせました」と諸国民への神の国の拡大が祈られ、32節から「地の王国よ　神に向かって歌え」と諸国民への讃美の勧めをもって締めくくられています。まさに世界的規模の御国の拡張です。

「私たちの願望は、イエス・キリストのからだなる教会の建て上げと神の国の拡張以外にあるはずはありません」とバックストン先生は言われました。一人でも多くの人々が救われるように、回心者に主の御姿が形成されるように！　これこそが私たちの寝ても覚めてもの願いです。そのために「日々私たちの重荷を担われる主」に委ね、讃美し、祈り求めてまいりましょう。

［祈り］世界宣教を進められる主よ、あなたの力を現し、多くの救われる者たちを起こしてください。

主の家を思う熱心

［詩篇69篇］

それは　あなたの家を思う熱心が／私を食いつくし／あなたを嘲る者たちの嘲りが／私に降りかかったからです。（9節）

主の家を思う熱心さが苦しみを引き起こす。こうした信仰者の苦しみが、本篇の主旋律となって響いています。それはダビデの苦しみであり、預言者たちの苦しみでもあり、何よりもメシアの苦しみとして主イエスに引き継がれました。

本篇は新約聖書の多くの箇所で引用されている詩篇です。ヨハネは、「ゆえなく私を憎む者」（4節）を主イエスに適用（ヨハネ15・25）、宮きよめにおける主の聖なる怒りを「あなたの家を思う熱心」として引用（同2・17）、21節の渇きや酸いぶどう酒を十字架上の主の渇きに引用しています（同19・28〜29）。パウロは「キリストもご自分を喜ばせることはなさいませんでした」に9節後半を引用（ローマ15・3）、22〜23節をユダヤ人の頑なさとして引用しています（同11・9〜10）。ルカは使徒の働きでユダの首吊りと「血の地所」に言及し、25節を引用しています（使徒1・20）。

全体の詩の流れは、壮絶な嘆き（1〜4節）、認罪と熱烈な求め（5〜12節）、信仰による勝利の祈り（13〜18節）、悲惨な状況の告白（19〜21節）、敵の滅亡の祈り（22〜28節）、救いの確信と讃美の祈り（29〜36節）へと進みます。本篇も他の詩篇同様、苦悶で始まり大讃美で終結しています。

主の家を思う熱心は、誰よりも主イエスの内に燃えていました。神の家のために心を燃やす。そこに信仰者の使命があり、十字架があるのです。多くの教会は神の家を思う熱心な信者で保たれています。四十数年前、岡谷教会が類焼で会堂を失った時のことです。半鐘が鳴り響く中、自宅で待機中の筆者の母は、火元が教会ではなく隣の工場からと知るやいなや、床に平伏し、「神様、感謝します。教会は再建できます」と号泣して祈ったとのことです。思えば、「主にのみ十字架を負わせまつり、われ知らず顔にあるべきかは」（讃美歌三三二）は彼女の愛歌でした。


［祈り］主よ、主の家を思う熱心さのゆえに苦しみが引き起こされても、十字架を負わせてください。

神よ、急いでください

［詩篇70篇］

神よ　私を救い出してください。／主よ　急いで私を助けに来てください。（1節）

「神よ　私を救い出してください。／主よ　急いで私を助けに来てください。／……主よ遅れないでください。」本篇の1節、5節で詩人は早鐘を打つように、主に「救急」を求めています。主はいち早く答えられたことでしょう。ある聖会中、急病人が発生し、大急ぎで消防署に救急車を「急いでお願いします」と求めると、落ち着いた声で「救急車はすぐ行きます」との返答に首をすくめたことがあります。主は遠慮のない大胆な祈りを喜ばれ、即座に応じられます。

本篇は40篇13～17節の改訂版です。1節で緊急の救いを求め、2～3節では悪しき者からの救い、4～5節では信仰者の救いを急ぎ求めています。

信仰者と不信仰者、神の聖徒と敵対者、この二者の姿が鮮明です。神の聖徒に敵対する者の姿は、「私のいのちを求める者たち」「私のわざわいを喜ぶ者たち」「『あはは』とあざ笑う者たち」（2～3節）の三態です。人を生かすのではなく、人を抹殺する。人の祝福を祈るのではなく、人の失敗を祈る。人を賞賛するのではなく、人をあざ笑う。悪しき者からの救い、また悪しき者に宿るこのようなスピリットからの救いは、信仰者にとって緊急で切実です。

一方、神の聖徒の姿は、「あなたを慕い求める人たち」「あなたの救いを愛する人たち」「苦しむ者　貧しい者」（4～5節）の三態です。主ご自身を慕い求め、主にあって喜び楽しみ、主の救いを愛し、「神は大いなる方」と驚嘆し、主がおられなければ無に等しいと、貧しさと乏しさに徹する者は幸いです。

主の臨在は神の聖徒にとって死活問題です。主の臨在を失えば、途端に青菜に塩、息絶えてしまいます。ですから遠慮なく大胆に祈るのです。「主よ　急いで私を助けに来てください。／……あなたは私の助け　私を救い出す方。／主よ　遅れないでください。」

［祈り］主よ、私は貧しく、乏しい者、あなたなくして生きられません。主よ、急いで来てください。

ゆりかごから御国まで

［詩篇71篇］

私は生まれたときから　あなたに抱かれています。／あなたは私を母の胎から取り上げた方。／私はいつもあなたを賛美しています。（6節）

火山に活火山、休火山、死火山があるように、信仰者にも活火山的信者、休火山的信者、死火山的信者があるようです。ゆりかごから御国まで生涯燃え続ける活火山的信仰者の姿を本篇で見ることができます。

ダビデの作か、捕囚期の預言者エレミヤの作か不明ですが、「年老いたときも」、「年老いて白髪頭になったとしても」を見ると、作者は老年であることは確かです（9、18節）。詩人は、生まれた時から、主に抱かれ、主に拠り頼み、若い時も、主を望み、主に頼り、年老い、力衰え、白髪となる今も、見放さず、見捨てないでくださいと主に祈り、主に拠り頼んでいます（5、6、9、18節）。長い人生の旅路を信仰の杖に導かれ歩んできた体験が、味わい深くにじみ出た詩篇と言えるでしょう。

その信仰生涯の中で、詩人は神がどのようなお方であるかを身をもって体験しています。詩人は、主ご自身を母の胎から取り出される方（6節）、若いころから教えられる方（17節）、大いなることをなさる方（19節）、再び生き返らせ地の深みから引き上げてくださる方（20節）、年老いても見放さず、支えられる方（9、18）として知り、生涯その主とおつきあいを深めてきました。

詩人は実際的に主とどのように向き合ってきたでしょうか。まず、言うまでもなく、祈りにおいてです。敵の手からの救いの祈り（1～4節）、主に見捨てられないように寄りすがる祈り（9～13節）、宣教者としての生涯を貫く祈り（17～18節）などがそれです。次に、主への拠り頼み（1、5、6節）、さらに、絶えざる讃美（6、8、14、22、23節）、そして主の義、すなわち主の救いのみわざの宣伝（15、17、18、24節）などにおいて、生涯主に向き合ってきました。

私たちも主に全く依存し、祈りと讃美と宣教を生涯貫く活火山的信仰生涯を貫きたいものです。

［祈り］母の胎より取り出された主よ、生涯あなたと向き合い、あなたに祈り、教えられ、取り扱われ、あなたの救いのみわざを宣べ伝える者としてください。

全世界を統べ治める平和の君

［詩篇72篇］

神よ　あなたのさばきを王に／あなたの義を王の子に与えてください。／彼が義をもって　あなたの民をさばきますように。／公平をもって　あなたの苦しむ民を。（1〜2節）

「国と力と栄えとは限りなくなんじのものなればなり」と私たちは日々「主の祈り」の中で祈ります。本篇はダビデの晩年、ソロモンのために祈られた祈りと思われます。あるいは後にソロモンが自らの祈りとして、それを用いたのかも知れません。しかし預言的に見る時に、平和の君なるキリストが全世界を公平と義をもって統治されるさまを歌ったもので、詩篇第二巻の結語と頌栄（18〜20節）に附合する詩篇と言えるでしょう。

まず、公平と義と平和による王の統治が祈られます（1〜7節）。「民の苦しむ者たちを弁護し／貧しい者の子らを救い／虐げる者どもを打ち砕きますように」（4節）は、公平の統治の見本です。王の齢は永遠で、「牧草地に降る雨のように／地を潤す夕立のように下って来」（6節）る王の臨在のゆえに、「彼の代に　正しい者が栄え／月がなくなるときまでも／豊かな平和がありますように」（7節）とは、ソロモン王国にまさるキリストの王国の光景を十分に推測させせます。

次に、王国の世界的拡大です（8〜11節）。王の統治は「海から海に至るまで／川から地の果てに至るまで」（8節）及び、諸国の王たちは貢を納め、「すべての王が彼にひれ伏し／すべての国々が彼に仕えるでしょう」（11節）とは、ソロモン王国をはるかに凌ぐキリストの王国の世界的統治とその拡大を思わせます。

さらに、王国の恵みと祝福です（12〜17節）。「それは　王が　叫び求める貧しい者や／助ける人のない苦しむ者を救い出すからです。／王は　弱い者や貧しい者をあわれみ／貧しい者たちのいのちを救います。／虐げと暴虐から／王は彼らのいのちを贖います。／王の目には　彼らの血は尊いのです」（12〜14節）。

弱者、貧者の救い、王国の豊穣、永遠の王の名声、全地に及ぶその栄光に、ただアーメン、アーメンと叫ばざるをえません。

［祈り］主よ、あなたの王国はなんと公平と義と愛と平和に満ちていることでしょう。

ハレルヤ、アーメン！

あなたのほかに慕うものはない

［詩篇73篇］

あなたのほかに／天では　私にだれがいるでしょう。／地では　私はだれをも望みません。（25節）

なぜヨブのような正しい人が試練に遭うのか。それとは逆に、なぜ神に逆らう者が繁栄するのか。熱心な信仰者がこうした疑問を追求し、懐疑は解かれず、ついには信仰から離れてしまうことがあります。本篇は、こうした疑問に答える重要な詩篇です。詩篇第三巻はアサフ詩集11篇、続いてコラ詩集が続きます。本篇は教訓詩、知恵の詩篇と言われ、時代を超えて問いかけられる悪しき者の繁栄についての疑惑から、ついには「地にはあなたのほか慕うものなし」との霊的勝利に導かれる、深い内容をもった詩篇です。

1～12節は悪しき者の繁栄の疑惑、13～20節は疑惑の解消への道筋、21～28節は疑惑の解決と神への信頼回復が高らかに歌われています。

悪しき者の繁栄、その生々しい描写を見るとき、誰しも妬みと羨みを引き起こし、危うく信仰の道を踏み外してしまいそうです。「見よ　これが悪しき者。／彼らはいつまでも安らかで　富を増している」（12節）。この疑惑はどのように解消されたのでしょうか。

第一に詩人は神に近づき、聖所に入りました（17節）。神と交わり、神に訴え、神にうかがう姿勢をとったのです。第二に詩人は、悪しき者の最期を見ました（17～21節）。どんなに地上で栄えていても、彼らは瞬く間に滅び、一掃されることを知りました。第三に詩人は、獣のように羨み妬み訴えていた自らの愚かさを知りました（22節）。第四に詩人は「しかし　私は絶えずあなたとともにいました。／あなたは私の右の手を／しっかりとつかんでくださいました」と神の臨在を覚え、主の支えを実感しました（23節）。第五に詩人は、やがて栄光のうちに受け入れられる自らを知りました（24節）。最後に詩人は今手にしている驚くべき富を見たのです（25～26節）。その富こそが、「あなたのほかに／天では　私にだれがいるでしょう」という「あなた」と告白する主ご自身だったのです。

神こそ永遠の心の力、わが嗣業、神に近くあることこそ最良であるとの霊的奥義を知る者は幸いです。


［祈り］主よ、あなたのほか慕うものはありません。あなたに近くあることは何と幸いでしょうか。

神による回復を切実に求める祈り

［詩篇74篇］

神よ　なぜ　いつまでも拒み／御怒りをあなたの牧場の羊に燃やされるのですか。（1節）

アサフはダビデ王朝時代の神殿楽隊長でした（Ⅰ歴代6・39）。本篇の背景は後代のバビロン軍によるエルサレム神殿破壊を想起させるところから、表題のアサフはアサフの子孫（エズラ2・41）と思われます。神の民はエルサレム崩壊が自らの罪の結果であることを認め、切実に神による回復を求めて祈ります。

1節、神から離れたことを嘆き、主の怒りを覚えて祈ります。捨てられたとの認識の中で「あなたの牧場の羊」の表現に、神の民としての強靭な信仰を見ます。

2節から3節前半は、昔の恵みを回顧して祈ります。「どうか思い起こしてください」が胸に迫ります。

3節後半から11節では、敵のした行為を述べて祈ります。悲惨な現状をありのままに述べて訴えるのです。聖所はことごとく破壊され、預言者もいません。「なぜ　あなたは御手を　右の御手を／引いておられるのですか。／その手を懐から出して／彼らを滅ぼし尽くしてください」（11節）と、切実に神の介入を求めて祈るのです。

12～17節は神のなされたみわざを述べて祈ります。自然界を統治し、歴史を支配される神はとこしえに王なる神であると訴えるのです。

18～23節は神による回復を信じて祈ります。敵の力を覚え、神の慈愛に訴え、神の約束に立ち、神の栄光を覚えて祈るのです。

私たちの神は回復の神です。教会もキリスト者個人も信仰復興、信仰回復が求められています。自らの罪を認め、かつての主のなされた恵みを覚え、ありのままに現状を告白し、王なる主の統治と支配を訴え、主の慈愛と約束に立って祈り求めましょう。「なぜ　あなたは御手を　右の御手を／引いておられるのですか。／その手を懐から出して／彼らを滅ぼし尽くしてください」と回復の主に切に訴えましょう。

［祈り］主よ、あなたは回復の主です。私の教会、私自身を回復し、みこころにかなう者としてください。

定まった時が来れば

［詩篇75篇］

「わたしが　定めの時を決め／わたし自ら　公平にさばく。」（2節）

主イエスの救いは、私たちの罪を取り除いても、私たちの弱さと愚かさとは取り除きません。主イエスにより救われた者は、自らの弱さと愚かさをますます知り、ますます主に拠り頼んで歩みます。そこに信仰者の真の謙遜があるのです。本篇は、自分の力を誇示し、高慢な態度を取る者に対する公平な神の裁きが歌われています。聖書は一貫して、「定めの時を決め」、神は高ぶる者を退け、へりくだる者に恵みを与えられることを宣言しています。ですから使徒ペテロは勧めます。「ですから、あなたがたは神の力強い御手の下にへりくだりなさい。神は、ちょうど良い時に、あなたがたを高く上げてくださいます」（Ⅰペテロ5・6）。「まことに　神こそさばき主。／ある者を低くし　ある者を高く上げられる」（7節）のです。

1節では公平な審判者なる神への感謝、2～3節は定めの時が来るときの神の正しい裁きの託宣です。4〜7節は高慢な者への警告です。「角を上げる」とは力を誇示することです。8〜10節は詩人の確信と感謝です。「主の御手にある杯」とは避けることのできない裁きの運命、「混ぜ合わせた泡立つぶどう酒」とは神の正しい厳粛な裁きです。悪しき者はこれを一滴も残さず飲み尽くさねばなりません。「私は悪者どもの角を　ことごとく切り捨てます。／正しい者の角は　高く上げられます」（10節）。これが本篇の結論です。

定めの時が来た時、ヨセフ（創世41章）やモルデカイ（エステル6章）に栄誉を与え、ご自身の民を救われた神は、今も生きて働いておられます。決定的な定めの時とはいつでしょう。言うまでもなく主の再臨の朝です。複雑に糸が絡み合う西陣織が裏返されると、絢爛豪華な模様が織りなされた表面が現れるのです。その日を待望しつつ、「信仰の創始者であり完成者であるイエスから、目を離さないで」（ヘブル12・2）、自分の前に置かれている信仰の競争路を走り続けましょう。

［祈り］主よ、誇りと高ぶりを取り除き、御前にへりくだって主の栄光の朝を待ち望む者としてください。

神の圧倒的勝利

［詩篇76篇］

天からあなたの宣告が聞こえると／地は恐れて沈黙しました。／神が　さばきのために／地のすべての貧しい者たちを救うために／立ち上がられたそのときに。（8～9節）

ダビデがゴリヤテを倒した時、用いた石は五つの中の一石だけでした。残りの四つはどうなったのでしょう。「それを称して『勝ち得て余りがある』というのです。」佐藤邦之助先生の説教の一節です。本篇は、まさに神の勝ち得て余りのある勝利が歌われています。おそらく神がアッシリア王センナケリブの大軍を打ち破られた時のことと思われます（II列王19・35）。とすれば「アサフの賛歌」はアサフの子孫の歌ということになります。

1～2節はシオンにおける神の臨在。サレムはエルサレムの古い地名、シャローム（平和）が語源です。神ご自身を知り、その偉大さを崇め、仮庵にて神に近づき、神を住まわせる民は幸いです。4～6節は神の圧倒的勝利です。「眠りに沈む」（口語訳）、「深い眠りに陥りました」は敵軍の死、その全滅ぶりの描写です。7〜10節は神の恐るべき裁きです。真に恐るべきお方は神のみです。神の裁きには両面があります。神に敵対する者には滅び、神を信じる貧しい者には救いです。また神は「人の憤り」さえも神の計画の実現のために用いられます。それを詩人は「まことに　人の憤りまでもがあなたをたたえ／あなたはあふれ出た憤りを身に帯びられます」(10節)と表現します。11〜12節は神への献身の勧めです。

私たちが真に恐るべき方を恐れる時、私たちのうちから恐れは一掃されます。「あなたは　実にあなたは恐ろしい方」(7節)、「地は恐れて沈黙しました」(8節)、「恐るべき方に贈り物を献げよ」(11節)、「主は……地の王たちにとって　恐るべき方」(12節)。

真に恐るべきお方を恐れ、愛し、礼拝し、また献身を表しましょう。そしてあらゆる不安、恐れから解き放たれ、勝利の道を進みましょう。

［祈り］主よ、あなたこそ真に恐るべきお方です。あなたを心から愛し、恐れます。あなたの右の腕をもって常に圧倒的な勝利をもたらしてください。

懐疑から信仰へ　［詩篇77篇］

私は　あなたのなさったすべてのことを思い巡らし／あなたのみわざを　静かに考えます。（12節）

プロの世界に生きる者にスランプがあるように、信仰者もその魂が暗黒に閉ざされることがあります。澤村五郎先生もそのお一人でした。先生が、霊的苦悶の中で恵みを喘ぐように求めていたとき、「讃《ほ》むべきかな、我らの主イエス・キリストの父なる神、かれはキリストに由りて霊のもろもろの祝福をもて天の處《ところ》にて我らを祝し」（エペソ1・3、文語訳）のみことばが臨むと、一瞬にして魂は暗黒から光明へと導かれたとのことです。すでに天地創造以前から、霊のもろもろの祝福をもって祝福されてしまっているとの信仰の確信が与えられたのです。

本篇は懐疑から信仰へ導かれていく詩篇です。1～4節では人の慰めさえ拒み（2節）、苦悩の中で魂は、嘆き悲しみ、神に向き合います。5～9節は幸いな過去を回想しつつ、苦悶の中で六つの疑問を発します。しかし10節以下、神の右の御手を思い起こすところから一転、魂は信仰へと躍進するのです。詩人は、自分の悲しみはいと高き神の御手が変わったからだと思い込んでいました（10節）。しかしその時、その神の御手の昔日のみわざを真摯に思い起こすとき、その御手はあの日あの時と少しも変わらず今も生きて働いていることを認め、魂は懐疑から信仰へと躍進しました。

霊的スランプからの解消法がここにあります。11〜12節を見てください。「私は　主のみわざを思い起こします。／昔からの　あなたの奇しいみわざを思い起こします。／私はあなたのなさったすべてのことを思い巡らし／あなたのみわざを　静かに考えます。」サタンは疑惑の種を信仰者の心に蒔きます。しかし、主が私たちになされた奇しき、大いなるみわざを思い起こし、思い巡らし、静かに考え、ひとつひとつくちずさむ（新共同訳）とき、信仰は沸き起こり、確信は満ち、讃美は溢れます。紅海を二つに分け、救いを施された神、十字架と復活、聖霊の注ぎをもって贖われた神、天地創造以前からすでに私たちを祝福された神は、昨日も今日もいつまでも不変です。

［祈り］主よ、あなたの御手は永遠に不変です。あなたの御手のわざを深く思い、ほめたたえます。

神の慈愛と忍耐と寛容の富

［詩篇78篇］

彼らが神に信頼し／神のみわざを忘れず／その命令を守るために。（7節）

歴史は鑑であり教訓です。温故知新、古きを温め新しきを知るのです。歴史を忘れた民は滅びます。ですから前篇のように、神のみわざである歴史を思い起こし、語り続け、歴史から学ぶように詩人は訴えます。

イスラエルの荒野時代、エジプトの災い、カナン入国、士師時代、ペリシテとの戦い、ダビデ王国の設立と歴史が進む中で、「けれども」「しかし」と繰り返される民の罪に対して、「しかし　神はあわれみ深く／彼らの咎を赦して　滅ぼされなかった」（38節）という神の慈愛、忍耐、寛容の富が全篇に溢れています。とはいえ、神の慈愛と忍耐と寛容の富を決して軽んじてはなりません（ローマ2・5）。慈愛と忍耐と寛容の神は、それゆえに愛してやまないご自身の民の罪を怒り（21、41、59節）、悲しみ（40節）、また妬まれる（58節）のです。

本篇に見る民の罪とはどのような罪でしょうか。第一に不忠実（8、37節）、第二に不従順（10節）、第三に忘恩（11、42節）、第四に反逆（19、20節）、第五に不信仰（22、32節）、第六に貪欲（30節）、第七に不敬虔（36節）の罪でした。こうした罪が私たちのうちにも潜んでいないでしょうか。それらの罪の一つひとつを思い起こし、このような罪が私たちの中にないか、わが身に当てはめ、先祖の罪を避けることと、どんなときにも神を信頼することを学ぼうではありませんか。

本篇の前半42節までは荒野の放浪時代、後半43節以下はエジプトの災いからカナン侵入と続きます。その歴史の究極は神の民の栄光、ダビデ王国の設立です。つまりこの歴史からの教訓詩は明らかに将来の栄光、神の民のリバイバルを指向しているのです。

「そのとき主は　眠りから目を覚まされた」（65節）。そうです。主は今や私たちの国にも信仰覚醒のわざをなされます。永遠のダビデ王国を目指しつつ、主が奮い立ってなされるみわざを待ち望みましょう。

［祈り］主よ、神の民の歴史から民の罪とあなたの慈愛の富を学び、私たちに信仰覚醒をお与えください。

荒廃からの回復の祈り　［詩篇79篇］

私たちは　あなたの民　あなたの牧場の羊です。／私たちは　とこしえまでもあなたに感謝し／代々限りなく　あなたの誉れを語り告げます。（13節）

何という激しい祈りでしょうか。何という切実な叫びでしょうか。1～4節の現状を見れば、この激しい祈り、この切実な叫びは当然理解できるでしょう。74篇が主として神殿崩壊の惨状を述べているのに対して、本篇はエルサレム全体の荒廃を述べています。主ご自身の嗣業の地は侵され、神殿は汚され、放置された屍は鳥や獣の餌となり、流血は川のごとく流れるというのです。最近シリアの激戦地跡に入った記者のレポートも目を覆うほど悲惨なものでした。続いて5節からは回復を求める嘆願の祈り、そして13節は感謝と讃美の誓いで締めくくられています。

荒廃からの回復を求める嘆願の祈りには、三つの要点があります。第一に、それは砕かれ、謙った祈りでした。詩人は、この荒廃は先祖の不義によることを認め、罪の赦しを求めて祈っています（8〜9節）。

第二に、それは御名の栄光を求める祈りでした。自分たちの幸福よりも御名の栄光のため、御名が辱められないために、われらを救い、「彼らの神はどこにいるのか」と異邦人に言わせないでくださいというのです（9〜10節）。

第三に、それは神の臨在と御力を求める祈りでした（10〜11節）。神が臨在を現され、御力を行使されるとき、敵は撃退され、御名は崇められるのです。

荒廃からの回復を求める祈りは、リバイバルを求める祈りに通じます。教会の現状はどうでしょうか。「彼らの神はどこにいるのか」と言われていないでしょうか。言い表されていない罪は潜んでいないでしょうか。世に迎合し、調子を合わせていないでしょうか。偶像の罪が侵入していないでしょうか。砕かれた心で、神の御名の栄光のために、主の臨在とその御力の現れることを切に求めて祈ろうではありませんか。


［祈り］主よ、あなたの牧場の羊を覚えてください。御名の栄光のため信仰復興のみわざを起こしてください。

われらをもとに返してください

［詩篇80篇］

万軍の神　主よ　私たちを元に戻し／御顔を照り輝かせてください。／そうすれば
私たちは救われます。（19）

まず回復を嘆願する三つのコーラスに注目ください。3、7、19節です。最初は「神よ」、次に「万軍の神よ」、最終節は、「万軍の神　主よ」と、詩人の信仰は呼び求めるほどに高められていきます。そして「私たちを元に戻し／御顔を照り輝かせてください。／そうすれば　私たちは救われます」と切なる回復の祈りが続きます。それはイスラエルの回復の祈りであるとともに、今日的にリバイバルを求める祈りでもあります。

前篇最終節の「あなたの牧場の羊」の告白を受けるように、1節では「イスラエルの牧者よ」と呼びかけます。ですから前半の1～7節は、牧者なる神への回復を求める祈りと言えるでしょう。8節からはイスラエルがぶどうの木にたとえられています。ですから後半の8～19節は、農園主なる神への回復を求める祈りと言えるでしょう。まことに私たち

の神は真の羊飼い、私たちはその牧場の羊、また私たちの父なる神は真の農夫、主イエスはぶどうの幹、私たちはその枝なのです。

その牧場の羊が涙のパンを食べ、溢れる涙を飲み、隣国の笑い者になったと言うのです。どうして「万軍の神よ　私たちを元に戻してください」と祈らないでおれるでしょうか。またぶどうの木がエジプトから携え出され、一度は約束の地に植えられ、根は深く、その枝は地中海にもユーフラテス川にまで伸びたにもかかわらず、今やアッシリア軍により実は摘み取られ、農園は踏み荒らされたと言うのです。どうしてぶどうの木を守り、敵を滅ぼし、「万軍の神　主よ　私たちを元に戻し／御顔を照り輝かせてください」と祈らないでおれるでしょうか。

これを昔の北イスラエルの回復の祈りと受けとめるだけでなく、今、祖国の教会の信仰復興を嘆願する私たちの祈りとしようではありませんか。

[祈り]万軍の神、主よ、私たちを元に戻し、御顔を照り輝かせてください。私たちの国にリバイバルを起こしてください。

岩から滴る蜜

［詩篇81篇］

わたしは　あなたの神　主である。／わたしが　あなたをエジプトの地から連れ上った。／あなたの口を大きく開けよ。／わたしが　それを満たそう。（10節）

10節は聖書の真ん中の言葉、言わば聖書のへそ、つまり聖書の中心聖句とも言えるでしょう。「あなたの神　主である」は十戒序文の定型文と同じです。実は出エジプトという贖いの恵みに立ち、その贖い主のご命であるということを思えば、十戒はもはや律法ではなく、「して当然、するはずである」という福音になります。ここではその贖い主が、「あなたの口を大きく開けよ。／わたしがそれを満たそう」と言われます。まさに聖書中の一大メッセージです。

詩の全体の流れは、1～4節は仮庵の祭りへの召集の言葉、5～7節はヨセフ部族が主導権を取ったエジプトの苦役からの解放、8～10節は神の勧め、11～12節は神の慨嘆、13～16節は神の勧めと祝福となります。

文語訳、口語訳の流れで13節以下を見ると、民への従順の勧めの後、三つの祝福が伴います。14節の敵に対する勝利、15節の主を憎む罪人の救いと従順、16節の最良の養いと岩から出る蜜の恵みです。岩から滴る蜜！　甘き溢れるほどの恵みの表現です。これはキリストご自身にほかなりません（Ⅰコリント10・4）。

キリストという岩から出る、素晴らしい三つの祝福をご存じでしょうか。第一は、7節のメリバの水とあるように、人を癒やす水です（出エジプト17・6）。第二は、16節にある喜びと楽しみの蜜です。第三は、「岩は私に、油の流れを豊かに注ぎ出してくれた」（ヨブ29・6）とある自由を与える油です。驚くなかれ、岩から水、蜜、油が出るのです。主イエスは人から打たれ、批判されたときでさえ、水のような癒やしの言葉、蜜のような喜びの言葉、油のような自由をもたらす言葉を発せられました。あなたも主イエスにあって、どんな時でも、癒やしの水、喜びの蜜、自由の油を注ぎ出すキリスト者であることを願いませんか。

［祈り］主よ、私は口を大きく開けます。恵んでください。水、蜜、油を注ぎ出す信仰者としてください。

神よ、立ち上がって、全地をさばいてください

［詩篇82篇］

神よ　立ち上がって　地をさばいてください。／あなたが　すべての国々を／ご自分のものとしておられるからです。（8節）

主イエスほど旧約聖書を熟読された方はおられないでしょう。主はユダヤ人と論争中、この6節を引用して、ご自分こそ神の子であることを弁証されました（ヨハネ10・34）。国家の基盤である法が歪められたら国家は成り立ちません。本篇の切実な祈りは、公正な裁きの行使にあります。今日の国家、社会においても同様です。むろん教団や教会においても聖書と教団、教会規則に基づく公正な秩序こそが、教団運営と教会の牧会、伝道の基盤となるのです。

1〜4節は、法廷に立たれる神の、不義な指導者への譴責です。悪しき者に味方する不正な裁きへの怒り、弱い者、孤児、苦しむ者、乏しい者への擁護と助けの命令です。5〜7節は、天上の悪の存在者に操られる不義な指導者に対する神の嘆きです。彼らは神の律

法の光に従わず、暗闇をさまようのです。こうして社会規範は揺らぎます。「おまえたちは神々だ」は悪しき指導者たちを風刺する神の言葉でしょう。しかし、自分はいと高き者の子だと高ぶっていても、その末路ははかなく悲惨です。８節の「神よ　立ち上がって地をさばいてください」の祈りは、本篇を締めくくる詩人の切実な叫びです。

今、社会が求めているものは、弱者への公平な扱いと困窮者の権利の擁護です。「わたしの好む断食とはこれではないか。悪の束縛を解き、くびきの縄目をほどき、虐げられた者たちを自由の身とし、すべてのくびきを砕くことではないか」（イザヤ58・6）のみことばに立ち、バックストン先生の祖父トーマス・バックストン卿は奴隷解放の戦いを進めました。「飢えた者にあなたのパンを分け与え」（同7節）の聖句から、フード・フォア・ザ・ハングリー（飢餓対策機構）は起こされました。

弱い者、みなしご、苦しむ者、貧しい者たちを悪しき者たちの手から救い出す慈愛と公義に御国の基盤があることを覚えましょう。

［祈り］神よ、立ち上がって、地を裁いてください。すべての国民はあなたのものだからです。

神に隠れ込んだ者の絶叫の祈り

［詩篇83篇］

神よ　沈黙していないでください。／黙っていないでください。／神よ　黙り続けないでください。（1節）

国家の危急時に、このように神に絶叫して祈る指導者を持つ国は幸いです。ユダ王国ヨシャファテ王が、周囲の敵国が同盟して攻めて来た時、ユダ全国に断食をふれさせ、主の助けを求めた時の祈りではないかと思われます（II歴代20章）。前半の1～5節は同盟敵国の結集に対する神に向かっての叫び、6～8節はその同盟国のリストです。後半の9～12節は神による過去の勝利を回顧しつつ、13～18節の敵の完全報復を求める祈りへと進みます。

詩人は敵の正体を神の敵、神を憎む者ととらえ、一方、自らを神の民、神にかくまわれている者とみなします（2～3節）。

神にかくまわれている者は、文語訳では「神にかくれたる者」と訳されています。四面楚歌、敵に包囲される中で、神に隠れ込んでこそ、勝利は約束されるのです。

神に隠れた者の祈りとは、どのような祈りでしょうか。第一に神にのみ絶叫する祈りです（1節）。神よ、黙っていないでください！　主の一声でけりが付くと言わんばかりです。第二に現状を冷静に認識する祈りです。敵の正体を見破り、はかりごとを見定め、敵軍のリストを正確に列挙するのです（2～8節）。第三は神による過去の勝利に基づく祈りです（9～11節）。過去の勝利の回想は、現在の勝利を保証するのです。第四は徹底した勝利を求める祈りです（12～15節）。中途半端ではなく「林を燃やす火のように／山々を焼き尽くす炎のように」徹底的な勝利を求めるのです。そして第五に真に敵の救いを求める祈りです（16～18節）。「主よ　彼らが御名を捜し回りますように」（16節）。これこそ神に隠れ込んだ者の祈りの最終目的です。

神に隠れ込み、絶叫する祈りは、わが身可愛さの祈りではなく、敵の救いと御名の栄光のための祈りであることを知りましょう。


［祈り］主よ、いついかなるときも神に隠れ込み、あなたに叫んで祈る者としてくださ い。自分の利益を求めるのではなく、御名の栄光のため祈らせてください。

幸いな祭壇の生涯

［詩篇84篇］

雀さえも　住みかを／燕も　ひなを入れる巣を／あなたの祭壇のところに得ます。／万軍の主　私の王　私の神よ。（3節）

小島伊助先生は晩年、健康診断で良好の結果を得たとき、「壇上の健康」と言って感謝されました。主の祭壇に身も霊もささげきった先生の感謝の証しでした。本篇には祭壇の傍らに住まいを置く生涯の幸いが満ち溢れています。コラの子らは神殿で奉仕した者たちですが（I歴代9・19、II歴代20・19）、ダビデの信仰を丸ごと受け継ぎ、新約的ペンテコステの生涯を高らかに歌い上げています。二つのセラ、三つの幸い（4、5、12節）から祭壇の生涯の幸いを見ることにしましょう。

第一は主を慕う生涯です（1～4節）。「なんと幸いなことでしょう。／あなたの家に住む人たちは。／彼らはいつも　あなたをほめたたえています」（4節）。主の住まいである神殿、その大庭を慕い、祭壇の傍らに住まいを得る。見えざる主を見える形で絶え入るばかりに慕い、ほめ歌う。これ以上の幸いはありません。あなたはこれほどに主日の公同礼拝を慕い求めておられますか。

第二はシオンの大路を進む生涯です（5〜8節）。「なんと幸いなことでしょう。／その力があなたにあり／心の中に　シオンへの大路のある人は」（5節）。シオンは神殿のあるエルサレムの呼称です。シオンの大路とは、天の都に通じる神のみこころの道です。そこには涙の谷もあるでしょう。しかし、そこが喜びの泉の湧く所となるのです。信仰生涯は、力から力へ、光から光へ、恵みから恵みへ、信仰から信仰へ、栄光から栄光への進行生涯です（詩篇84・7、箴言4・18、ヨハネ1・16、ローマ1・17、Ⅱコリント3・18）。

第三は主に寄り頼む生涯です（9〜12節）。「万軍の主よ／なんと幸いなことでしょう。／あなたに信頼する人は」（12節）。主の大庭の一日は千日にもまさり、神の家の門口に立つことは悪の豪邸に住むことよりはるかにまさる。これが主に拠り頼む者の確信です。主日礼拝の一時間はほかでの千時間よりも尊いとは！　主は日、心に注ぐ光、守りの盾、恵みと栄光と良い物を授けるお方。さあ、いざ歌い進まん、シオンの都へ！

［祈り］万軍の主よ、あなたを慕い、ほめ歌います。天の都を目指してシオンの大路を歌いつつ進みます。

さらなる回復の祈り

［詩篇85篇］

あなたは　帰って来て／私たちを生かしてくださらないのですか。／あなたの民が　あなたにあって喜ぶために。（6節）

リバイブ・アス・アゲイン！　われらを再びリバイブしたまえ（6節、英欽定訳）。バビロン捕囚から回復直後、国難はなお続きます。詩人は本篇で、さらなる回復を求めて祈ります。まさにリバイバルを求める祈りです。

1～3節は捕囚民の解放の回想です。民の不義は赦され、罪は覆われ、神の怒りは収まり、御怒りは遠ざけられました。ヤコブの繁栄は回復されたのです。4～7節は国難が続く中で、詩人は「再びわれらをリバイブしてください」とさらなる回復の祈りをささげます。8～13節はその回復の祈りは聞かれ、恵みとまこと、義と平和の世界が確立されるのです。

「あなたは　帰って来て／私たちを生かしてくださらないのですか。／あなたの民が　あなたにあって喜ぶために」（6節）。この回復の祈りは聞かれました。主は帰って来て、回復のみわざをなされます。どのような恵みのみわざでしょうか。「聞かせてください。主である神の仰せを」（8節）。さあ、私たちもその神の御声を聞こうではありませんか。それが8節以下の主のご宣言（新共同訳）です。そこでは回復された民の姿が、主の民、主にある敬虔な人たち、心を主に向ける者、神を恐れる者として描かれ、民に平和が告げられ、栄光の主の臨在が輝くと宣言されるのです。さらに回復された世界では、恵みとまことは共に会い、義と平和は口づけし、まことは地から生え出で、義は天から見下ろし、主は良い物を与え、大地は産物を産み出し、義は御前に先立って行き、主の足跡を道とするというのです。

回復の神は、この素晴らしい恵みの世界を約束されるお方です。リバイバルの主は今も生きて働いておられます。「再び、私たちを回復してください」と祈りましょう。実に主は新たな望みを与えられるのです。

［祈り］回復の主よ、あなたは私たちの咎を担い、罪を覆われました。さらに回復の恵みを増し加え、恵みとまことと、義と平和の世界を確立してください。

主のあわれみを求める祈り

［詩篇86篇］

主よ　私をあわれんでください。／絶えず　私はあなたを呼んでいます。（3節）

竹田俊造先生は晩年に近づくほどに、主の憐れみを求める祈りをよくされたそうです。「主よ、恵みたまえ」から、「主よ、憐れみたまえ」にはいっそうの信仰の深まりを感じます。久しぶりに「ダビデの祈り」の登場です。それもそのはず第三巻では唯一です。第一巻の「ダビデ詩集」でのなじみ深い語句に懐かしさを覚えます。第三巻での集録は、ダビデ王の詩がコラの子たちによって保存されていたものと思われます。

1～4節は単刀直入、助けを求める嘆願です。「主よ、答えてください、お守りくださ い、お救いください、あわれんでください、喜ばせてください。」呼びかけも、ただ「主よ」、求めも美辞麗句はなく、単純そのものです。その姿勢は自己の欠乏を告白し（1節）、神を畏れ敬い（2節）、主を信頼し（2節）、弛むことなく（3節）、希望をもって主を仰ぐのです（4節）。5～15節は主の偉大さと恵み深さの告白です。「主よ　まことにあなたは

／いつくしみ深く」から始まり、主のご人格とそのみわざを正しく把握し、告白します。ダビデの体験に基づく信仰告白と言えるでしょう。主はいつくしみ深く、赦しに富むお方（5節）、苦難の日に必ず祈りに答えられるお方（7節）、比類なき大いなるみわざをなされるお方（8～9節）と、主を真実に告白します。16節、17節はずばり主に憐れみを求める祈りです。

祈りとは、祈る者がどれほどあわれな者であるかを認め、主がいかに憐れみに富むお方であるかを告白して、切に主に憐れみを求めることです。ダビデは祈るほどに主がいかに憐れみ深いお方であるかを体験しました。5節では、「まことにあなたはいつくしみ深く」と告白し、13節では「あなたの恵みは私の上に大きく」と言い表し、15節では、「主よ／あなたはあわれみ深く　情け深い神」と告白するのです。

自らの弱さと乏しさを認め、主がいかに恵みとあわれみに富んでおられるお方であるかを深く知る者は幸いです。

［祈り］あわれみ深く、情け深い主よ、私をかえりみ、あわれんでください。私は常にあなたを呼んでいます。

わがふるさとシオンの都

［詩篇87篇］

歌う者も　踊る者も／「私の泉はみな　あなたにあります」と言う。（7節）

シオンの都、エルサレムを旅して不思議な感覚に襲われるのは、何かふるさとに帰ってきたような懐かしさです。その町で誕生もせず、住民登録もしていない赤の他人の旅行者であるのに不思議です。でも4節を見ると、五つの国（ラハブはエジプトを指す。イザヤ30・7）の者たちも「この者は　この都で生まれた」と言われるのです。言わば世界中に開かれたふるさと、それがシオンであるというのです。霊的に見れば、エルサレムで成就した主の救いが全世界に及び、救われた者たちがそこをわが誕生地と告白する。預言的に見れば、主の再臨により千年王国は確立し、諸国民がこぞってこの生まれ故郷に参集する（イザヤ2・2～4）と言えるでしょう。

1～3節は主が礎を据え、主が愛される神の都シオンの栄光、4～6節は全世界すべての人々に開かれた霊的誕生地シオン、そして最終節は神の都シオンに登録された全ての信仰者の喜びの告白です。

かつて塩屋の詩篇講義のクラスで澤村五郎先生は、まさに「歌う者と踊る者」とあるように、目を輝かせ喜々として語られました。わがもろもろの泉はあなたのうちにある！　もろもろの泉、そうです、知恵と知識のいっさいの宝、満ち満ちている神の徳、力、富、知恵、勢い、誉れ、栄光、讃美、そして命も健康も、すべて主ご自身のうちにあるのです。歌わずに、踊らずにおれるでしょうか。

これがシオンで生まれ、登録された者の告白です。今、私たちも子羊の血により衣を洗われ、いのちの書に名前を登録され、シオンをわがふるさとと言い表す者として、心の底からの喜びと感謝をもって、私たちの救い主、きよめ主、癒やし主、来るべき王なるお方に、「私の泉はみな　あなたにあります」と言い表そうではありませんか。


［祈り］主よ、あなたはいのちの書に私の名前を登録してくださいました。それゆえ、喜びをもって申します。主よ、私の泉はみな、あなたにあります。

最暗黒の嘆きの祈り

［詩篇88篇］

主よ　なぜ　あなたは私のたましいを退け／私に御顔を隠されるのですか。（14節）

暗闇が詩全体を覆っています。詩篇の中でこれほど暗く、これほど悲惨な詩篇があるでしょうか。詩篇はどのような苦悩で祈り始められても、最後は喜びと感謝、讃美と勝利で閉じられるのが常です。いわゆる天が開かれないままで閉じられる詩篇はありません。しかし本篇は最後の最後まで暗黒が続き、出口はありません。

1～12節は苦悩と悲惨の中からの神への叫び求めです。詩人は深い穴、暗い所、深い淵に置かれ、穴に下る者、力の失せた者、死人たちの間に放り出された者、墓に横たわる刺し殺された者、主が覚えておられない者、神の御手から断ち切られた者、さらに人からも遠ざけられ、忌み嫌われる者として苦しみ、悩み、悲しみ、叫ぶのです。その暗き所には主の奇蹟も讃美も慈しみもまこともありません。ヨブやエレミヤ、さらに主イエスの苦難を連想するものの、他に類例のない暗黒の苦悩です。

13〜18節はその絶望の淵から、唯一の望みの源である神に祈ります。若い時からの苦悩、押し寄せる苦悩の大波、その苦悩のいっさいの根源は神が御顔を隠されたことであるとして、喘ぐように主の御顔を求めて祈るのです。

その最暗黒の中での祈りに耳を傾けてください。「主よ　私の救いの神よ／昼　私は叫びます。夜もあなたのみそばで。／私の祈りを　あなたの御前にささげます。／どうか　私の叫びに耳を傾けてください」（1〜2節）、「主よ　私は日ごとにあなたを呼び求めています。／あなたに向かって両手を差し伸ばしています」（9節）、「しかし私は　主よ　あなたに叫び求めます。／朝明けに　私の祈りは御前にあります。／主よ　なぜ　あなたは私のたましいを退け／私に御顔を隠されるのですか」（13〜14節）。

苦悩と悲惨な暗黒の中での、この切実な祈り、この健気な信仰に対して、主はいつまでも沈黙を続けられたままでしょうか。主の確かな御声を、この詩の行間から聞き取ることはできないでしょうか。

［祈り］主よ、最暗黒の苦悩の中でもあなたに叫び続けます。私の望みは、ただあなただけにあるのです。

契約に真実な神

［詩篇89篇］

「御恵みは　とこしえに打ち立てられ／あなたはその真実を　天に堅く立てておられます。」（2節）

詩篇第三巻の最終を飾る壮大な詩篇です。「主の真実《まこと》はくしきかな」（新聖歌二〇）と歌いますが、本篇はダビデと結ばれた契約に主がいかに真実であられるかが歌われています。本篇を二大別すれば、過去における主の大いなるみわざ（1〜37節）、現在の状況と回復の祈り（38〜52節）となり、「新改訳二〇一七」の段落ごとの行間を活かせば、きれいに四分割されます。1〜18節は神への讃美、19〜37節はダビデへの約束と契約、38〜45節は契約破棄を思わせる捕囚の現実、46〜51節は回復への嘆願、52節は第三巻を締めくくる頌栄となります。全篇を貫くキーワードが、主の「恵み」（あわれみ、いつくしみ）と「真実」（まこと）です。

まず神への讃美は、天においてささげられます。敵に対する勝利、自然界の創造と統治、神の民の至福などのゆえに、主はほめたたえられるのです。続いて19節からは、ダビデへの契約です。そのダビデ像は、そのまま王なるイエスのひな形です。力ある救い主、民の中から選ばれ、油注がれ、神が共におられ、諸王の王にして、その王国はとこしへに続く。ところが38節で一転、「しかし　あなたは拒んでお捨てになりました。／あなたは　激しく怒っておられます。／あなたに油注がれた者に向かって」と永遠の契約が破棄され、彼の王冠は地に捨てられたというのです。城壁は破壊され、町は荒廃、隣国の笑い者にされるというバビロン捕囚の悲劇です。しかし、詩人は46節から、「いつまでですか。主よ。／あなたがどこまでも身を隠され／あなたの憤りが火のように燃えるのは」と主のダビデ契約に立って、主の真実と恵みに訴えて回復を祈り求めます。

主の真実は不変です。たとえ私たちが不真実であっても、主は真実を曲げられることはありません。バビロン捕囚は民の不信仰、不従順のゆえでした。しかし、主のまことはくしきかな！　主は真実をもってダビデ契約を貫かれ、再び回復の恵みを与えられたのです。主はとこしえにほむべきかな。アーメン、アーメン。

［祈り］憐れみとまことに富める主よ、あなたはとこしえにほむべきお方です。アーメン、アーメン。

荘厳な最古の詩篇　［詩篇90篇］

どうか教えてください。自分の日を数えることを。／そうして私たちに　知恵の心を得させてください。（12節）

詩篇第四巻の冒頭を飾る詩篇は「神の人モーセの祈り」です。詩篇中最古の詩篇です。神を知り、人を知り、人生を知り尽くした詩人の荘厳な詩篇です。しばしば葬儀において朗読される厳粛な詩篇です。前半の11節までは、深淵な黙想の祈りです。12節から後半は、実りある人生を求める、神への祈りです。

まず前半は、永遠の神と有限な人間を深く黙想する祈りです。「主よ　代々にわたって／あなたは私たちの住まいです。／山々が生まれる前から／地と世界を　あなたが産み出す前から／とこしえからとこしえまで／あなたは神です」（1～2節）。永遠、創造の神への告白、その神はまた、人をちりから創造し、ちりに帰し、裁かれる神であるとも告白しています（3、7、8節）。そして永遠の神と比べ、有限な人間のはかなき人生が切々と歌われます。人はちりから造られ、ちりに帰り、大水のごとく流れ去り、青草のようにしおれて枯れ、神の怒りにより消え去り終わり、一息の人生は労苦とわざわいに満ち、一瞬の間に飛び去るというのです。そのはかなき人生の根源的病根は、人間の罪にありました。「あなたは私たちの咎を御前に／私たちの秘め事を　御顔の光の中に置かれます」（8節）。古今東西読む者すべてを震撼とさせてやまない厳かな告白です。

前半の深淵、厳粛な黙想から後半は、一転して実りある光輝な人生を求める祈りが切々とささげられます。終末の死を熟慮して自分の日を数える知恵を求め、神との交際を切願し、満足と喜楽を祈り、主のみわざのご威光を求め、「私たちの手のわざを確かなものにしてください」（17節）と嘆願します。無常、神の怒り、労苦、わざわいの人生から、知恵、満足、喜楽、栄光の人生への百八十度の方向転換です。

詩篇中最古の詩篇「神の人モーセの祈り」を通して、神、人、人生について静かに黙想し、結実した光輝な人生を求めましょう。

［祈り］主よ、自分の日を数える知恵を与え、私の人生を実りある輝かしいものとしてください。

全能者の陰

［詩篇91篇］

いと高き方の隠れ場に住む者／その人は　全能者の陰に宿る。／私は主に申し上げよう。／「私の避け所　私の砦／私が信頼する私の神」と。（1～2節）

心躍る詩篇です。全能者の陰！　いと高き方の隠れ場に逃れこんだがゆえの全能者の陰です。私たちが隠れ込むとき現れ、私たちが全的無能になるとき全的大能となられるお方！　恩寵のパラドックス（逆説）です。今、私たちがこの詩篇に身を投じ、1～2節の「私」に自分を当てはめて主に申し上げ、3～13節の「あなた」に自分を当てはめて主からの守りを宣言され、14～16節の「彼」に自分を当てはめて三位の神から噂されるとしたら、何と幸いなことでしょうか。「私」「あなた」「彼」に赤線を引き、その者に私たちがなれますように。

全能者の陰の祝福と守りをご覧ください。狩人の罠、破滅をもたらす疫病から救い出され、主の羽で覆われ、御翼を避け所とし、主の真実は大盾、また砦。夜襲も昼の矢も疫病も恐れず、千人万人倒れても倒されず、災いも疫病も近づかず、天使に守られ支えられ、獅子もコブラも踏みにじる。ああ、主こそ私の避け所、私の砦、私が信頼する私の神です。14～16節では「全能者の陰に宿る人」を三位一体の神は目を細めて「彼」と呼び、驚くべき恵みを約束されるのです。まさに本篇のハイライトです。その「彼」への祝福をご覧ください。彼はわたしを愛して離れない。彼はわたしとわたしの名を深く知っている。彼は常にわたしを呼び求め祈っている。だから、わたしは彼を助け出す（14節）、彼を高く上げる（14節）、彼の祈禱に答える（15節）、苦しみのとき臨在をもって彼を救う（15節）、彼に誉れを与える（15節）、とこしえのいのちで彼を満足させる（16）、そしてわたしの大いなる救いを彼に見せる（16節）、というのです。

全能者の陰！　それは日々の主の陰です。どこにも伴う主の陰です。決して離れない主の陰です。この隠れ場に逃れましょう。全能者の陰に宿りましょう。

［祈り］主よ、あなたを愛します。あなたの隠れ場に住み、あなたの全能の御翼の陰に宿ります。今日も私を守り、支え、私を満ち足らせてください。

聖霊のみずみずしい油注ぎ

［詩篇92篇］

あなたは　野牛の角のように私の角を高く上げ／私にみずみずしい油を注がれました。（10節）

地上でのパラダイスの回復は主日礼拝とクリスチャン・ホームにあると、バックストン先生は語ります。本篇は安息日礼拝に相応しい賛歌です。まず1～3節は賛歌の序文です。朝に夜にめいっぱい楽器を用い、いと高き神の恵みと真実を告げるため、感謝をもってほめたたえる。これぞ安息日です。

4～15節には、主への讃美の理由が述べられています。まず神の大いなるみわざのゆえに主を讃美します（4、5節）。主の摂理のみわざ、創造のみわざを思えば、楽しみと喜びと讃美は溢れます。次に、悪い者に対する神のさばきのゆえに主を讃美します（6～9節）。主の御思いは深く、無思慮な者、愚かな者には理解できなくとも、悪い者のさばきは、いと高き神の厳粛な事実です。「悪い者が　青草のように萌え出で／不法を行う者がみな花を咲かせても／それは彼らが永久に滅ぼされるためです」（7節）は胸に突き刺さる言葉です。さらに正しい者に対する恵みのゆえに主を讃美します（10～15節）。正しい者への新しい油注ぎは「みずみずしい油注ぎ」です。詩篇には「聖なる油」（89・20）、「喜びの油」（45・7）、「つややかにする油」（104・15）、「貴い油」（133・2）の恵みが歌われています。言うまでもなく、油は聖霊の象徴です。

みずみずしい油注ぎを受けた正しい者の栄えに輝く生涯が、12節以下に描かれています。本篇のハイライトと言えるでしょう。第一に彼らはなつめやしの木のように荒野でも栄える。第二に彼らはレバノンの杉のように強く堅く勢いよく育つ。第三に彼らは主の家、神の大庭で生活するように豊かな神との交わりの中で育つ。第四に彼らは年老いても豊かに実を結ぶ。第五に彼らはいつも生気に満ち、青々と生い茂る。

聖霊のみずみずしい油注ぎをあなたは受けておられますか。

［祈り］主よ、栄えに満ちた信仰生活を送るため、聖霊のみずみずしい油注ぎをお与えください。

主こそ王です

［詩篇93篇］

主こそ王です。威光をまとっておられます。／主はまとっておられます。力を帯とされます。／まことに　世界は堅く据えられ揺るぎません。（1節）

一人の大学生は、自分がクリスチャンゆえに白い目で見られたり、嘲られたりするとき、ピリピ人への手紙2章にあるように、やがて天上、地上、地下のあらゆる舌が「イエス・キリストは主です」と告白する時が来ると確信するに及んで、クリスチャン信仰が誇らしくなったとのことです。そうです。私たちの救い主は、天上、地上、地下を支配される「来《きた》るべき主」なのです。バックストン先生は、93篇から99篇までを、主が王であられることを歌った詩篇であると分類します。詩篇は、実に終末の再臨の王に私たちの目を向けさせてくれるのです。バックストン著『詩篇の霊的思想』に従えば、93篇は王の宝座と栄光、94篇は王の審判、95篇は王の恵み、96篇は王に対する礼拝、97篇は王の奇しきみわざ、98篇は王の勝利、99篇は王の永住の臨在となります。

1〜2節は王座に着かれた主の御姿です。その衣は威光、その帯は力、その御座はいにしえから堅く立ち、とこしえに続きます。3節以下は主の創造と統治と聖さを力強く歌います。「大水」は神に逆らう勢力全体を象徴する言葉です。聖書の歴史、世界の歴史を見ても、神に逆らう勢力が声を上げ轟音を轟かせても、高くあられる主は、これを一蹴するのです。まさに鎧袖一触《がいしゅういっしょく》、ちょっと鎧に触れただけで敵はコロリと退けられるというのです。その主は力に満ちておられるとともに、聖であられます。主の証し、主の家は、主の聖なることで貫かれるのです。実に主のみことばは主のホーリネスが縦断し、主の家には主のホーリネスが充満しているのです。「聖なることが　あなたの家にはふさわしいのです。主よ　いつまでも」(5節)。

私たちの教会、家庭、生活全てに、主の統治と主の聖なることが常にとこしえに貫かれますように！

［祈り］全てを統べ治めたもう聖なる主よ、あなたの統治が全世界に及び、あなたの聖さが私たちの教会、家庭、生活の全てに及びますように祈ります。

主よ、正義の光を放ってください

［詩篇94篇］

復讐の神　主よ／復讐の神よ　光を放ってください。（1節）

王なる神の悪しき者への審判を求める詩篇です。詩人は冒頭の1～2節で「光を放ってください」と速やかな審判執行を求めています。3～7節はその悪しき圧制者の実体です。正体は高慢と無情です。彼らは放言し、横柄に語り、自慢し、神の民を苦しめ、やもめや寄留者を殺し、みなしごたちを死に追いやり、「主は見ることはない。ヤコブの神は気づかない」（7節）とうそぶくのです。こうした苦難の中で、信仰者は神を見失い、不信仰に陥る危険性があります。

そこで詩人は8～15節で「気づけ。民のうちのまぬけな者どもよ／愚かな者どもよ　いつになったら悟るのか」（8節）と、民に向かって教訓的に呼びかけます。耳、目を造られた神は全てをご存じ、義人は信仰によって生きる、と言わんばかりです。そして試練の中で主の御思いを知り、主のみおしえを教えられる者は幸いであると諭し、神の守りと平安を語ります。

16〜23節は神の民の保護と敵の滅亡が確信をもって歌われます。「だれが私のために悪を行う者に向かって／立ち上がるでしょうか」（16節）は、信仰を駆り立てる修辞疑問文です。実際、私たちは主の助けがなかったら、暗黒の死に追いやられたことでしょう。「私の足はよろけています」と思った瞬間、主は支え、思い煩いが満ちたとき、主の慰めは私たちを喜ばせたのです。

母と子が仲良く手を繋いで歩いています。子どもが何かに躓いて手を放した瞬間、母親の手はしっかりと子どもの手を握るのです。平坦なところで母親の手をしっかり握っていた子どもも、躓く時には手を放してしまうのです。しかし、それまでゆるやかに子どもの手を握っていた母親は、子どもが躓いた瞬間、しっかり握るのです。私たちの信仰の足がよろけると思った瞬間、主は支えられる。試練や苦難の中で、主の守りと支えなくして信仰を貫くことができた人は誰一人いません。


［祈り］主よ、あなたの正義の光を放ってください。私の信仰を試練の中でも守り支えてください。

讃美と礼拝と聴従の恵み

［詩篇95篇］

さあ　主に向かって　喜び歌おう。／私たちの救いの岩に向かって　喜び叫ぼう。（1節）

さあ、主に向かって歌おう（1節）。さあ、ひれ伏し、膝をかがめよう（6節）。どうか、今日、その御声を聞くように（7節）。讃美と礼拝と聴従の勧めです。キリスト者の祝福の三つのキーワードです。

讃美と礼拝の対象は、救いの岩なる主（1節）、大いなる王である主（3節）、全地の造り主（4～6節）、そして牧者なる主（7節）です。救いの岩なる主は、私たちを全く救われます。大いなる王である主は、私たちを愛と義をもって治められます。全地の造り主は、私たちを確実に保たれます。羊飼いなる主は、牧場の羊である私たちを導き、豊かに養われます。さあ、この主に向かって喜びの声を上げ、感謝をもって讃美しましょう。ひれ伏し、膝をかがめましょう。

７節の後半から「今日　もし御声を聞くなら」と、聴き従う「聴従」の勧めへと展開します。ヘブル人への手紙の記者は記します。「ですから、聖霊が言われるとおりです。『今日、もし御声を聞くなら、あなたがたの心を頑なにしてはならない』」（ヘブル３・７～８）。「御霊の言える如くせよ　心を固くするなかれ／御声を聞かば今すぐに　御霊の言える如くせよ」（新聖歌一八一）。リバイバルの最中、中田重治、羽後父子によって作られたこの聖歌は、日本の霊界を席巻しました。

服従こそは最大の聖書注解書です。聖書は頭では理解できません。みことばに従って初めてみことばの真意がわかります。加えて聴従は最大の恩寵の秘訣です。御霊の言えるごとく罪を悔い改める。御霊の言えるごとく財、時間、身を主にささげる。御霊の言えるごとく十字架を負う。この聴従を邪魔する心の頑なさを十字架につけ、御声に従うとき、聖霊の満ち溢れるカナンの地、約束の安息の地に入ることができるのです。神の安息の恵みを拒むものは不信仰と不従順だけです。

［祈り］主よ、あなたを心から讃美し、礼拝します。きょう、あなたの御声に何でもお従いします。

新しい歌を主に歌え

［詩篇96篇］

新しい歌を主に歌え。／全地よ　主に歌え。（1節）

新しい歌を主に歌え！　カンターテ・ドミノ！　歴代の教会で歌い継がれた新しい歌です。新しい歌！　それは「見よ、全てが新しくなった」と主によって救われ、新しくされた者でなければ歌うことのできない歌です。歴代誌第一16章23～33節をご覧ください。これはダビデの治世、契約の箱がシオンに移されたとき歌われたものとほぼ同じ歌詞です。イスラエルの民がバビロン捕囚から帰国後、第二神殿の奉献式の時も、この歌が歌われたことでしょう（エズラ6・16）。

本篇は世界的なリバイバルの歌です。リバイバルが起こると教会は刷新され、地域社会、国家、諸国にまで神の恵みと統治は及び、自然界にまでその祝福が及びます。しかし、真にこの歌が実現するのは「主は必ず来られる」（13節）という栄光の終末、全世界の王として主が再臨され、神の国を成就されるその時です。

何と広大な呼びかけでしょうか。全篇にみなぎる呼びかけは、全地（1、9節）、国々（3、10節）、もろもろの民（3、5、7、13節）、さらに全被造物の天、地、海、野、森の木々にまで及びます。たとえ小さな会堂で少人数の礼拝者であっても、この広大な呼びかけを覚え、広い心で礼拝しましょう。

救い主イエス・キリストによって新しくされた全ての神の民にとって大切な四つのことが、本篇で勧められています。第一は主への讃美です（1～2節）。新しい歌を主に歌え！　第二は神のことばの宣伝です（2～6節）。日から日へとその救いを宣べ伝えよ！　第三は神への献身です（7～8節）。ささげ物を携えてその大庭に入れ！　第四は聖めと礼拝です（9～13節）。聖なる装いをして主にひれ伏せ！

讃美と伝道と献身と礼拝！　ここにキリスト者の最高の特権があり、義務があります。主は来られます。主の来臨を待望しつつ、この特権を生かしましょう。

［祈り］主よ、あなたこそ全天全地の王です。今、あなたに向かって心から新しい歌をほめ歌います。

神の義の顕現

［詩篇97篇］

主は王である。／地は小躍りせよ。多くの島々は喜べ。（1節）

急いで自動車を運転中パトカーが近づくと、ドキッとすることがあります。逆に安全運転中、パトカーが近づくと、ホッとすることがあります。それどころの話ではありません。義なる王が出現するとき、神の敵対者は恐れ、神の民は喜ぶのです。

本篇は「主は、王だ」という定冠句で始まる、義なる神の顕現の歌です。1～6節は義なる神の直接的な顕現、7～9節は偶像崇拝者の裁きと神の民の喜び、10～12節は聖徒たちへの約束と勧めです。

まず、義なる神の直接的な顕現です。主は王である。それは全地の喜びです。その支配は海を越えた異邦世界にまで及びます。雲、暗黒、火、稲妻は、厳かな見えざる神の臨在の表徴です。神の御座の基は義とさばきです。その表徴が神の火です。神の火は、敵を焼き尽くし、世界を照らし、おののかせ、主の御前に全地を溶かし、諸国の民に栄光を見せます（3〜6節）。思えば聖霊なる神は、火をもって私たちの心と生活に潜んでいる罪を照らし、私たちをおののかせ、それらの罪を十字架の祭壇の上で焼き尽くし、さらに頑固な私たちの古き自我を溶かし、私たちに輝ける主の臨在の栄光を現してくださるのです。

次に、神の義の顕現による、偶像崇拝者の裁きと神の民の歓喜です。神の義の現れは、全ての偶像崇拝者をはずかしめ、「神のすべての御使いよ、彼にひれ伏せ」（ヘブル1・6）とあるように、もろもろの神なる天使を主の御前に平伏させ、「シオン、ユダの娘」と言われる神の民を小躍りさせるのです。

最後に、神の民への約束と命令です。この神の民は主を愛する者、悪を憎む者、敬虔な者、心の直ぐな人であり、主は彼らを愛し、そのたましいを守り、悪しき者から助け出し、光と喜びを与えられるというのです。だから、「正しい者たち。主にあって喜べ。その聖なる御名に感謝せよ！」

［祈り］義なる主よ、あなたのご顕現を感謝します。あなたの公平な裁きを真に喜ぶ者としてください。

神の勝利の顕現

［詩篇98篇］

新しい歌を主に歌え。／主は　奇しいみわざを行われた。／その右の御手　聖なる御腕が／主に勝利をもたらしたのだ。（1節）

本篇は主の勝利の歌です。96篇と最初と最後は同じで内容も類似していますが、本篇はさらに終末的イメージが強くなっています。前篇と比較すると前篇では主の裁きが強調され、本篇では主の勝利ある救いが強調されています。「しかし、聖霊があなたがたの上に臨むとき、あなたがたは力を受けます。そして、エルサレム、ユダヤとサマリアの全土、さらに地の果てまで、わたしの証人となります」（使徒1・8）とあるように、主の勝利の救いは、イスラエルで讃美され（1～3節）、全地で歌われ（4～6節）、万物にどよめく（7～9節）というのです。

奇しいみわざ（1節）は、主の右の御手と聖なる御腕によって、ご自身のために勝ち取られた救いです。歴史的には出エジプト、バビロン捕囚からの解放、最終的には主がカルバリでサタンの頭を粉砕し、罪と死の牢獄にある人類を解放する大勝利を意味します。「勝利」と「救い」は同義語です。主の恵みと真実をもって獲得された救いは、イスラエルに知らされ、覚えられ、地の果てまで伝えられ、人々は神の勝利を見るのです。

ですから「全地よ　主に喜び叫べ」（4節）と勧められます。教会は全地の讃美リーダーにならなければなりません。琴やラッパや角笛をもって「王である主の御前で喜び叫べ」（6節）と勧められます。讃美は王なる主の前でするものです。会衆の多い少ないは問題ではありません。大事なことは、臨在の御前で管弦楽や全ての楽器、何よりも肉体という最高の楽器を用いて、心の限り主をほめ歌うことです。

さらに主への大讃美は拡大し、全被造物に及びます。海と世界の中の全てのもの、諸々の川も山々も、こぞって喜び歌えと言うのです。やがて主は来られます。それは未来完了という確実な未来の事実なのです。

［祈り］王なる主よ、あなたの御前で力を込めて喜び歌います。あなたのご来臨を心から待ち望みます。

神の聖の顕現

［詩篇99篇］

われらの神　主をあがめよ。／その聖なる山に向かって　ひれ伏せ。／まことに　われらの神　主は聖なる方。（9節）

主は王となられた！　本篇の王なる主の御姿は聖なるお方です。本篇では「主は聖なる方」のコーラスが3節、5節、9節で三回歌われています。このコーラスを区切りに本篇を三分割できるでしょう。1〜3節は聖なる主の統治、4〜5節は聖なる主の裁き、6〜9節は聖なる主のあわれみです。主は聖なるお方です。神の聖の性質は実に豊かです。単に清らかさだけを意味しません。本篇における主の聖には、力、義、あわれみなどが統合されています。

第一に統治したもう聖なる主の御姿です。ケルビムの上に座し、高くあられる聖なる主は全てを超越した大いなる神です。預言者イザヤもこの聖なる神を拝し、「わざわいなるかな我」と叫びました。恐れをもってほめたたえられるべき聖なる主です。

第二に公義をもって裁かれる聖なる主の御姿です。この大能なる王は、公義を愛するお方です。公平と正義、これこそが聖なる王国の足台なのです。ですから「その足台のもとにひれ伏せ」（5節）と勧められます。

第三にあわれみ深い聖なる主の御姿です。「すべての国々の民の上に高くいます」（2節）主が低くなられ、「モーセとアロンは主の祭司たちの中に／サムエルは御名を呼ぶ者たちの中にいた。／彼らは主に呼び　主は彼らに答えられた」（6節）とあるように、人と交わり、語り、祈りに答えられるお方であると言うのです。この聖なる主は、愛とあわれみに富めるお方でした。モーセやアロンやサムエルと親しく交わり、語り、彼らの切なる祈りに答えられ、民の罪を赦されるお方でした。

主は王となられた。神の聖は現されました。聖なる、聖なる、聖なる主！　力に満ちる父なる神、裁きと救いの子なる神、いと近くいます御霊なる神を「われらの神　主は聖なる方」とほめ歌いましょう。

［祈り］聖なる主よ、あなたの統治と裁きとあわれみを深く思います。私たちも聖なる者とならせてください。

感謝と喜びの歌

［詩篇100篇］

全地よ　主に向かって喜びの声をあげよ。／喜びをもって主に仕えよ。／喜び歌いつつ御前に来たれ。（1～2節）

本篇は93篇から続く一連の「主は王」と告白する詩篇の流れを受け継ぐ、感謝と喜びの詩篇です。主日礼拝を自宅でひとり静かに守るという信者がおれば、本篇の朗読は無意味です。座す讃美、立つ讃美どころか、ここでの讃美は行列を組んで御前に近づき、感謝と喜びに溢れる歩く讃美です。何と生き生きとした動的な礼拝でしょうか。礼拝堂の椅子に腰を深く掛け、瞑目しつつ説教を聞くだけが礼拝ではありません。

讃美の呼びかけとその理由が二度繰り返されます。まず、「喜びをもって主に仕えよ。／喜び歌いつつ御前に来たれ」（2節）の呼びかけです。その理由として、「知れ。主こそ神。／主が　私たちを造られた。／私たちは主のもの　主の民　その牧場の羊」（3節）と続きます。なぜ主に仕え、なぜ礼拝するのかを知ってこそ、礼拝は意義あるものとなります。

礼拝者の知るべきことは二つ、礼拝の対象である主とはいかなるお方か、礼拝する私たちはどういう者かの二点です。まず礼拝の対象なる主は、大いなる神、私たちを造られたお方、愛をもって養い導く牧者であられるとの認識です。その認識はまた、私たちは全く主のものであり、牧者なくして生きられない愚かで弱い牧場の羊であるとの認識を喚起するのです。

二度目の呼びかけは「感謝しつつ　主の門に／賛美しつつ　その大庭に入れ。主に感謝し　御名をほめたたえよ」（4節）です。神殿の門、大庭という公的礼拝の場所に向かう感謝と讃美の動的な隊列です。その理由として、捕囚回復後繰り返されるコーラス、「主はいつくしみ深く／その恵みはとこしえまで／その真実は代々に至る」（5節）が続きます。

喜びと感謝の礼拝こそ、「主に仕える」最大の奉仕であり、「われらは主のもの」との献身の表明なのです。

［祈り］主よ、礼拝の民に加えられたことを感謝します。今、喜びをもってあなたを讃美し、あなたに仕えます。

王たる者の鏡

［詩篇101篇］

恵みとさばきを　私は歌います。／主よ　あなたにほめ歌を歌います。（1節）

表題に「ダビデによる。賛歌」とあります。「いつあなたは　私のところに来てくださいますか」（2節）を主の契約の箱をオベデ・エドムの家からシオンに運んだこと（Ⅱサムエル6章）と受け取れば、いっそううなずけます。しかし本篇の詩人は、すべての王、統治者、指導者の鏡として、後代も長く統治者たちが自分をダビデに重ねて歌うことを求めた詩篇とも言えるでしょう。私たちも主の契約の箱に象徴される主の臨在をひたすら求め、王なるキリスト者としてこの詩篇を朗読し、私人としても公人としても、その敬虔に生きる者となりましょう。

1～4節は私人としての統治者の敬虔が歌われています。本篇の祈りは嘆願ではなく、決意の表明です。私たちの祈りも、「どうか、どうか」と願うだけでなく、本篇にあるようにきっぱりと決意を表明したいものです。詩人は、全き道に心を留め、主の臨在を切に求め、全き心で家の中を行き来し、目の前に卑しいことを置かず、曲がったわざを憎み、曲がった心を遠ざけ、悪を知ろうともしないというのです。まさに敬虔が服を着て歩いているような生活です。

5〜8節は公人としての統治者の敬虔が歌われています。それは、陰で隣人をそしる者を滅ぼし、高ぶる目とおごる心に耐ええず、欺きを行う者を家に住まわせず、偽りを語る者を目の前に立たせず、朝ごとの執務で国中の悪しき者を滅ぼし、主の都から不法を行う者を断ち切るというのです。そして国のうちの忠実な者に目を注ぎ、自分と共に住まわせ、全き道を歩む者は自分に仕えるというのです。これぞ一国の統治者、まさに王たる者の鏡ではないでしょうか。

今、世界の指導者や国の為政者が、この敬虔、このリーダーシップをと願わされますが、まずはこれを私たちの鏡とし、家庭と社会の中で敬虔に生きましょう。

［祈り］主よ、私は恵みとさばきを歌います。あなたの臨在を切に求めます。私は曲がった心とおごる心を退けます。私は全き心をもって歩みます。

嘆きから希望へ——リバイバルの歌

［詩篇102篇］

あなたは立ち上がり／シオンをあわれんでくださいます。／今やいつくしみの時です。／定めの時が来ました。（13節）

伝統的には本篇は「悔い改めの七詩篇」の一つと言われています（ほかに6、32、38、51、130、143篇）。しかし個人の嘆きから始まる本篇は、一転シオンの回復が歌われ、宇宙の栄化さえ歌われるのです。嘆きから希望へ——リバイバルの歌——と言えるでしょう。

1～11節は嘆きの祈りです。まさに表題どおり「苦しむ者の祈り。彼が気落ちして、自分の嘆きを主の前に注ぎ出したときのもの」です。御顔の喪失（2節）、苦痛、困窮（3～5節）、寂寞（6～7節）、敵のそしり（8節）、死の脅威（11節）など、詩人は自らの苦悩を赤裸々に告白し、それは神の憤りと怒りのゆえであるとへりくだるのです（10節）。この苦悩と裁きは、個人的なものというだけでなく、国家の苦悩と裁きにも重ね合わせることができるでしょう。

12～22節は一転して、シオンの回復とその賛歌に移行します。嘆きの祈りは答えられ、「定めの時」が来ました。主がとこしえの御座から立ち上がり、シオンをあわれみ、いつくしむ時、リバイバルの時が来たのです。その結果、神の栄光は現れ（16、21節）、諸国民は御名を恐れ、解放と救いを受け（15、20節）、祈禱は答えられ（17節）、主への讃美と奉仕はみなぎる（18、22節）というのです。これぞ信仰復興、神の民のリバイバルです。

23～28節はさらに驚くべき救いの希望が歌われます。それは人間が過ぎ去るように（23～24節）旧天地も衣のように古びるが、これを新しい上着に替えられる希望です（25～26節）。ヘブル人への手紙1章10節以下では、ここを引用して栄光の救いを語ります。ペテロの手紙第二にある「天は大きな響きを立てて消え去り」、「義の宿る新しい天と新しい地」（Ⅱペテロ3・10、13）が出現するという希望と符節を合する宇宙の栄化の希望です。

嘆きから希望へ！　今求められるものは、この慟哭の祈りです。

［祈り］主よ、リバイバルの恵みを切望します。まず私のうちから信仰回復のみわざを起こしてください。

わがたましいよ、主をほめよ

［詩篇103篇］

わがたましいよ　主をほめたたえよ。／主が良くしてくださったことを何一つ忘れるな。（2節）

本篇は、「全詩篇中最も美しい讃美の詩」と言われます。「聖書的信仰の木に咲いた最も美しい花の一つ」とも言われます。解説は不要、じっくり朗読するだけで十分でしょう。晩年の数年、神戸は「愛の園」に入居中の義母が、この詩篇を読むたびに感謝に溢れ、嗚咽していたことを思い起こします。

「ダビデによる」はダビデの信仰を受け継ぐ全時代の「神の民の歌」と言えるでしょう。1〜2節は讃美の招き。「ほめたたえよ」は序文に二回、結語に四回繰り返されます。五体、全内臓、全人格、「私のうちにあるすべて」をあげての讃美の招きです。3〜5節は「主が良くしてくださった」全幅的救いの恵みの讃美です。6〜9節は神の民の歴史に現された圧倒的な義とあわれみです。さらに10〜14節は不変の主のあわれみの讃歌です。天が地上はるかに高いような恵み、東が西から遠いような赦し、父が子をあわれむようなあわれみがその内容です。15～19節は人のはかなさと神の永遠の恵みです。そして20節以下の結語は主の御使いたちへの讃美の呼びかけです。主を恐れ、契約を守り、戒めに従い、みことばに聞き従い、みこころを行う勇士、しもべらへの讃美の呼びかけです。

全篇にみなぎる霊的思想は、罪に陥り、虐げられ、ちりに過ぎない人（6、10、14節）への神の義（6節）と満ち溢れる愛とあわれみです（6、8、13節）。あらためて主が良くしてくださった全ての恵みを心に留めましょう。すべての咎の赦し（3節）、すべての病の癒やし（3節）、滅びの穴から贖い出された永遠のいのち（4節）、恵みとあわれみの戴冠（4節）、良きものでの満足（5節）、横溢する能力（5節）！　赦罪、神癒、贖い、新生命、聖霊の満たし、聖霊の能力など、いっさいの恵みがここに満ち溢れています。わが魂よ、主をほめよ。全ての恵みを何一つ忘れるな！

［祈り］主よ、あなたが良くしてくださった全ての恵みを心から感謝し、あなたをほめたたえます。

創造主への讃美

［詩篇104篇］

わがたましいよ　主をほめたたえよ。／わが神　主よ　あなたはまことに大いなる方。／あなたは威厳と威光を身にまとっておられます。（1節）

天地が創造されたとき、「神はご自分が造ったすべてのものを見られた。見よ、それは非常に良かった」（創世1・31）とあります。本篇はその非常に良かった創造のみわざが美しく力強く歌われています。8篇、19篇、29篇に続く、神の創造讃美四大詩篇の一つです。

1～4節は神の尊厳と威光です。光の衣、天の幕、水中の高殿の梁、密雲の車、風の翼、燃える火などの表現は、創造主の尊厳と威光の描写です。

5～9節は大地と水の創造です。人のすみかとして大地の基は据えられ、大水がこれを覆います。

10～18節は地の豊かな産物と野の獣、空の鳥、家畜と人の創造です。小鳥のさえずり、家畜の鳴き声が聞こえてくるような情景です。野の動物や空の鳥の食べ物、家畜の草、人のための地の産物は豊かで、人は心身健康そのもの、その顔もつややかです。

19〜23節は月と太陽の創造、天体の運行の秩序です。季節は定められ、人間や動物の一日の健康的なパターンも定められます。

24節では、詩人はここで思わず神の創造のすばらしさをたたえます。「主よ　あなたのみわざはなんと多いことでしょう。／あなたは知恵をもってそれらをみな造られました。／地は　あなたのもので満ちています。」

25〜28節は海とその中の生き物の創造です。海中の大小無数の生き物を想像すると「聖書中の水族館」を楽しむ思いです。レビヤタンは、ここではクジラなどの「海の巨大な獣」を指すでしょう。

29〜30節では全ての生き物は神の御霊に依存し、主の御顔が隠されると彼らの息は取りさられます。

31〜35節は神の栄光、聖徒の喜び、罪人の滅亡の讃美と祈りです。わがたましいよ、主をほめたたえよ！


［祈り］主よ、あなたの創造のみわざをほめ歌います。あなたこそ尊厳と威光に満ちるお方です。

神の物語

［詩篇105篇］

主に感謝し　御名を呼び求めよ。／そのみわざを諸国の民の間に知らせよ。（1節）

前篇は創造主をたたえる讃歌でした。本篇と次篇は歴史を支配される主をたたえる讃歌です。私たちの神は創造の神であるばかりか、被造物を統治、支配される摂理の神です。イスラエルの歴史を支配される神の物語を、本篇と次篇で見ることにしましょう。

まず本篇全体の流れを見ることにしましょう。1～6節は讃美の勧め、7～15節は信仰の父祖たち、アブラハム、イサク、ヤコブらとの契約、続いて16～24節はヨセフの数奇な人生を軸にイスラエル一族のエジプト移住、25～36節はエジプトに下された災い、37～45節はエジプト脱出から約束の地カナンへの侵入となっています。

この神の物語から、摂理の神の御姿を学ぶことができます。第一に私たちの神は契約に忠実な神であるということです。神はアブラハムと結んだ契約、イサクに誓った約束、ヤコブに立てた定めを決して忘れられませんでした。第二に私たちの神は契約した者たちを守られる神であるということです。主は、「わたしの油そそがれた者たちに触れるな。／わたしの預言者たちに危害を加えるな」（15節）と言われました。第三に私たちの神は契約した者たちを試みられる神であるということです。ヨセフの物語は、そのことを顕著に表しています。第四に私たちの神は契約した者たちの敵を滅ぼされる神であるということです。主はエジプトに災いを下し、敵を壊滅されたのです。第五に私たちの神は契約した者たちを救い出される神であるということです。金銀を携えさせ、一人もよろけさせず、雲の柱、火の柱を備え、必要な食物を与え、岩から水を出させ、ついには約束の地を嗣業として与えられました（37〜45節）。

私たちの人生も神の物語でありますように。主が全能全愛の御手をもって統べ治められますように。

［祈り］主よ、あなたこそ全能全愛のお方です。その御手をもって私の人生を統べ治めてください。

反逆と忘恩の民への神の慈しみと恵み

［詩篇106篇］

ハレルヤ。／主に感謝せよ。主はまことにいつくしみ深い。／その恵みはとこしえまで。（1節）

カーナビは運転手が間違った道を進んでも、元に戻すか、間違いを軌道修正します。私たちの神は、私たちが正しい道から逸れたとき、忍耐と寛容、慈しみと恵みをもってみこころの道へと軌道修正されるお方です。前篇が神の恵みのみわざを讃美しているのに対して、本篇は民の反逆と忘恩の罪を告白し、神の慈しみと恵みを歌っています。それゆえ1節のコーラスで歌われる主の恵みと慈しみが身にしみて感じられます。

1～5節は讃美と祈り、6～46節は繰り返される民の反逆と忘恩の罪、それに対する神の「それで」の峻厳な裁きと「それでも」の計り知れない慈しみが歌われ、47～48節の全国民の救いのための祈りで結ばれています。

民の罪のリストを列挙すると、次のようになります。忘恩（13、21節）、貪欲（14節）、妬みと反逆（16～17節）、偶像崇拝（19節）、不信仰、不従順（24～25節）、バアル・ペオルの礼拝（28～31節）、メリバの罪（32～33節）、異教化の罪（34～36節）、人身供養の罪（37～39節）などです。神の恵みに対して「しかし」と繰り返される民の罪、「そこで」「それで」臨む神の怒り（15、17、18、23、26、40節）とともに、「しかし」「それでも」現される神の慈しみと恵み（8、23、30、44、45節）は圧倒的です。

こうした主の絶えざる恵みと慈しみを思うとき、本篇の最初と最後にあるように、思わず「ハレルヤ！」と叫ばざるをえません。「ハレルヤ。／主に感謝せよ。主はまことにいつくしみ深い。／その恵みはとこしえまで」のコーラスは、イスラエルの人々がたびたび歌ったコーラス（107・1、118・1、136・1）ですが、本篇を朗読するとき、それは自然と湧き上がるコーラスと言えるのではないでしょうか。

［祈り］主よ、詩篇第四巻までの大いなる恵みを感謝します。あなたの恵みと慈しみをほめ讃えます。どうか私を、あなたのみむねのただ中を歩む者としてください。

苦悩から救い出される主

［詩篇107篇］

主に感謝せよ。その恵みのゆえに。／人の子らへの奇《くす》しいみわざのゆえに。（8節）

詩篇第五巻に入ります。本篇を読み取る鍵は、四つの救いの叫び（6、13、19、28節）に対する四度の感謝のコーラス（8、15、21、31節）にあります。この本体に加えて、口火の讃美（1～3節）と総括の神の守りに対する感謝（33～43節）が前後の枠組みを構成します。

本篇における四つの苦悩からの救いは、人生の四つの苦悩からの救出を代表します。

第一の苦悩は荒野におけるさまよいです（4節）。人生の荒野で生きる目的を失い、さまよう人々の苦悩は深刻です。しかし主はその苦悩からの救いの叫びに答え（6節）、真っすぐな道に導かれるのです。「わたしが道である」（ヨハネ14・6）と言われる主の恵みと奇しいみわざに感謝しましょう（8節）。

第二の苦悩は捕囚です（10節）。イスラエルのバビロン捕囚を想起します。今も罪の奴隷となり、苦しみもがく多くの人々がいます。しかし「わたしは真理である」（ヨハネ14・6）、「真理はあなたがたを自由にします」（ヨハネ8・32）と言われる主は、その救いの叫びに答え、罪の囚人を釈放されるのです。主の恵みと奇しいみわざを感謝しましょう（15節）。

第三の苦悩は苦しみです（17節）。背きと咎の苦しみは深刻です。パウロも「私は、したいと願う善を行わないで、したくない悪を行っています」、「私は本当にみじめな人間です。だれがこの死のからだから、私を救い出してくれるのでしょうか」（ローマ7・19、24）と叫んでいます。しかし、「わたしはいのちなのです」（ヨハネ14・6）と言われる主は、この叫びに答え、豊かないのちを与えられます。主の恵みと奇しいみわざを感謝しましょう（21節）。

第四の苦悩は暴風です（25節）。人生には荒れ狂う暴風がつきものです。サタンの激しい攻撃を聖徒は避けて通れません。しかし「わたしはすでに世に勝ちました」（ヨハネ16・33）と言われる主は、サタンから来る暴風を静められます。主の恵みと奇しいみわざを感謝しましょう（31節）。

［祈り］主よ、あなたは私たちの叫びに答え、私たちをいかなる苦悩からも救われることを感謝します。

讃美から嘆願へ

［詩篇108篇］

神よ　私の心は揺るぎません。／私は歌い　ほめ歌います。／私の心の底も。／琴よ　竪琴よ　目を覚ませ。／私は暁を呼び覚まそう。（1～2節）

世界リバイバル徹夜祈禱会なるものが、かつて塩屋の神学校で月一度行われていました。一時間ごとの連鎖祈禱会です。祈りは燃え、讃美は溢れ、朝明けを迎えます。時にご近所にまで祈りの声が聞こえ、警察が訪ねてきたそうです。学監の向後昇太郎先生が機転を利かせ、「世界平和のために祈っています」と答えると、お巡りさんは「ご苦労さまです」と敬礼をして帰られたとのことです。その祈りと讃美は、まさに暁を呼び覚ます迫力あるものだったでしょう。

本篇はダビデ詩集の57篇7～11節と60篇5～12節が組み合わされた「ダビデの歌」です。57篇は嘆願から讃美へと発展しますが、本篇は不動の確信と讃美が先行し、嘆願へと移ります。「神よ　あなたが天で／あなたの栄光が全地であがめられますように」（5節）は、御名と御国とみこころを求める「主の祈り」の前半に通じるものがあります。「あなたの愛する者たちが助け出されるよう」（6節）の救いの嘆願、「神よ　あなたはもはや／私たちとともに出陣なさらないのですか」（11節）との主の出陣と敵からの救いと勝利を嘆願する祈りは、「主の祈り」の後半の日毎の糧と罪の赦しと悪しき者からの救いを嘆願する祈りに一脈通じるものがあります。

その底に流れる信仰は「人による救いはむなしい」（12節）という自己の無能の告白と「神こそが　私たちの敵を踏みつけてくださいます」（13節）という神の大能の告白に端的に表れています。いみじくも笹尾鐵三郎先生は言われました。「われらの戦闘力の第一はわれらの無能、第二は主の大能」。われらの無能が戦闘力の第一とは！　そうです。私たちがへたばって無能になり切ったその時、主は大能となられて出陣なさるのです。この信仰の原理に立って、今日も主の戦いを進めてまいりましょう。

［祈り］主よ、あなたの御名を崇めます。あなたの出陣がなければ、今日一日を始めることはできません。

私は祈るばかりです

［詩篇109篇］

私の愛に代えて　彼らは告発で応じます。／私は祈るばかりです。（4節）

嘲り、罵り、憎悪の渦の中で、主イエスが十字架上から発せられた第一言は、「父よ、彼らをお赦しください」（ルカ23・34）でした。ダビデも彼の愛に報いて非難を受ける最中で、「私は祈るばかりです」と祈りに身を投じています。「私は祈るばかり」とは、I give *myself unto* prayer（英欽定訳）、祈りに身をささげること、我即祈《われすなわちいのり》、祈り以外何もできないこと、祈りの化身、祈りの存在になることです。

本篇は通常、69篇とともに復讐の詩篇、呪いの詩篇とも言われます。詩全体の流れは、敵の憎悪の中での切実な祈り（1～5節）、敵の上に下される呪い（6～20節）、自分の悲惨な状態の告白と救いを求める祈り（21～27節）、神の救いに対する確信と感謝（28～31節）となるでしょう。問題は、「私は祈るばかりです」の祈りの内容です。聖句の自然の流れからすれば、それを6節以下ととることができます。とすれば、まさに凄まじい呪いの祈り、復讐の祈りとなります。新約の愛の精神とは真っ向から対立する祈りとなります。

しかし、この祈りを聖霊に感じてダビデが預言者として預言したと受け止めることもできます。特に8節の言葉はペテロによってユダのこととして引用されています（使徒1・16、20）。ですから古代の教父たちは本篇を、キリストの愛を裏切り、愛に代えて恨みを返したイスカリオテのユダに関する預言的詩篇と受け止めています。偽善の口づけで主イエスを売ったユダの「祈りが罪と見なされますように」（7節）とは厳粛です。

呪う者は呪われるという神の報いとともに、「彼らは呪います。／しかし　あなたは祝福してくださいます」（28節）の一句に、燦然と輝く祝福の神の御姿を見ることができます。全人類の罪に対する呪いを一身に受け、十字架で赦しを祈られた主に倣い、私たちも「私は祈るばかりです」という祈りの存在とさせていただきましょう。


［祈り］主よ、愛が冷え切った環境の中でも、「私は祈るばかりです」と祈りに身を投じさせてください。

昇天された栄光の主

［詩篇110篇］

主は　私の主に言われた。／「あなたは　わたしの右の座に着いていなさい。／わたしがあなたの敵を／あなたの足台とするまで。」（1節）

新約聖書に最も多く引用される詩篇です。まさにメシア詩篇中のメシア詩篇です。1節には昇天のキリスト、2～3節には王なるキリスト、4節には大祭司なるキリスト、5～7節には審判者なるキリストの御姿が鮮明に表されています。特に新約聖書にしばしば引用される1節に注目しましょう。この主の五つの御姿を見るとき、神の民は朝露のように輝くのです。

第一に主イエスは御使いよりまされるお方です。「いったいどの御使いに向かって、神はこう言われたでしょうか。『あなたは、わたしの右の座に着いていなさい。わたしがあなたの敵をあなたの足台とするまで』と」（ヘブル1・13）。

第二に主イエスは主なる神そのもののお方です。「イエスは彼らに言われた。『それでは、どうしてダビデは御霊によってキリストを主と呼び、「主は、私の主に言われた。『あなたは、わたしの右の座に着いていなさい。わたしがあなたの敵をあなたの足台とするまで』」と言っているのですか』」（マタイ22・43～44）。

第三に主イエスは贖いの完成者です。「キリストは、罪のために一つのいけにえを献げた後、永遠に神の右の座に着き、あとは、敵がご自身の足台とされるのを待っておられます」（ヘブル10・12～13）。

第四に主イエスは天に昇られたお方です。「ですから、神の右に上げられたイエスが、……ダビデが天に上ったのではありません。彼自身こう言っています。『主は、私の主に言われた。あなたは、わたしの右の座に着いていなさい。わたしがあなたの敵をあなたの足台とするまで』」（使徒2・33～36）。

第五に主イエスはすべての敵に勝たれるお方です。「すべての敵をその足の下に置くまで、キリストは王として治めることになっているからです」（Ｉコリント15・25）。誇る者は主を誇りなさい！

［祈り］主よ、あなたのような救い主はほかにおられません。私はあなたを誇り、愛し、ほかの者に伝えます。

主とそのみわざを讃美せよ

［詩篇111篇］

ハレルヤ。／私は心を尽くして主に感謝をささげよう。／直ぐな人の交わり　主の会衆において。（1節）

「ハレルヤ」で始まるヘブル語の「いろは歌」です。主題は「主のみわざ」です。小島伊助先生は「追憶は成長する」と言われました。過去になされた主のみわざを追憶する。その時、いつも新鮮で新しい語りかけを受け、感謝にあふれるというのです。

まず詩人はどのように主のみわざをとらえていたでしょうか。詩人は言います。主のみわざは偉大（2節）。主のみわざは威厳と威光（3節）。主のみわざは人の心に刻まれた（4節）。主のみわざは情け深く、あわれみ深い（4〜5節）。主のみわざは真実と公正（7節）。主のみわざは永遠不変である（8〜9節）。このように主のみわざを知るとき、私たちは主ご自身のご性格を体験的に知ることができるのです。

次に、具体的に主のみわざはどのように現されたのでしょうか。第一に主はご自身を恐れる者に日毎の糧を与えられます（5節）。第二に主は契約を永遠に覚えておられます（5節）。第三に主は国々のゆずりの地をご自分の民に与えられます（6節）。第四に主は真実と正しさをもってみわざをなされます（8節）。第五に主はその民に贖いを送られます（9）。第六に主はご自身を恐れる者に知恵と賢明さを与えられます（10）。

最後に、その主のみわざをなしていただく者とは誰でしょうか。それは、「心を尽くして主に感謝をささげる者」（1節）、「みわざを喜ぶすべての人」（2節）、そして「主を恐れる者」（5、10節）にほかなりません。主を愛し、主を恐れましょう。心から主のみわざを感謝し、追憶しましょう。そして主のみわざを喜び、楽しみ、主とそのみわざを讃美し、語り告げましょう。「語り告げばや　主なるイエスと／その御栄えと　その恵みを／わが魂を　満たすものは／他に無きことを　悟りえたり／語り告げばや　世を去る日まで／語り告げばや　イエスの愛を」（新聖歌四三四）。

［祈り］主よ、あなたの救いのみわざを心から感謝します。私はあなたのみわざを讃美し、語り告げます。

正しい者が受ける祝福

［詩篇112篇］

ハレルヤ。／幸いなことよ。／主を恐れ　その仰せを大いに喜ぶ人は。（1節）

本篇を読めば、誰しも「ハレルヤ。幸いなことよ」と叫びたくなるでしょう。前篇同様、「いろは歌」の形式で各節がヘブル語アルファベットの綴り順で始まります。前篇の主題が「主のみわざ」であれば、本篇のそれは「主の祝福」です。正しい者への圧倒的な祝福が全篇に溢れています。

まず本篇に表されている正しい者とは、どのような者でしょうか。第一に主を恐れ、主の戒めを大いに喜ぶ者です（1）。「わが神よわれは聖意《みこころ》に従ふことを楽《たのし》む　なんじの法《のり》はわが心のうちにありと」（詩篇40・8、文語訳）は堀内文一先生の愛称聖句と伺いますが、私たち夫婦の愛称聖句でもあります。内に主がお住みくださり、主の仰せに従うことがこよなく嬉しく楽しい。ここに救いがあり、これこそ正しい者の実体なのです。第二は「直ぐな人」でしょう。正直で偽りなく、心が真っすぐ主に向かっている人です。第三に恵みを施す人です（4〜5節）。情け深く、あわれみ深く、貸し与える人です。第四に正しい人です（6〜9節）。何ものにも揺るがされず、主に信頼し、貧しい人に惜しみなく分け与える人です。

このような正しい人に、主はどのような祝福を与えられるでしょうか。第一に子孫が勇士とされること（2節）、第二に繁栄と富が与えられること（3節）、第三に神のみこころに生きる義が永遠に堅く立つこと（3節）、つまり「勇ましく高尚な生涯」が「後世への最大遺物」となること、第四に人生の闇の中に光があること（4節）、第五に何事にも動じない不動の確信が与えられること（6節）、第六に逆境にも恐れず主に信頼すること（7〜8節）、そして第七に「角」に表される大いなる繁栄の力が与えられること（9節）などです。地における幸いは、まさにこれに尽きると言えるでしょう。

［祈り］主よ、あなたを恐れ、あなたのみこころを大いに喜ぶ者として、あなたの祝福をお与えください。

身を低くされる神
［詩篇113篇］

だれが　私たちの神　主のようであろうか。／主は高い御位に座し／身を低くして／天と地をご覧になる。（5～6節）

本篇から118篇までは「エジプト人のハレル」と呼ばれ、過越の食事の前後に歌われました。「彼らは賛美の歌を歌ってからオリーブ山へ出かけた」（マタイ26・30）とあるように、主イエスもユダヤ人の習慣に倣い、本篇か、あるいは全部を歌って、ゲッセマネの園に向かわれたことでしょう。その主の後ろ姿は、すべての国々の上に高くおられ、その栄光は天の上にあり、高い御位に座しておられた栄光の主が、身を低くされ、十字架の死に至るまで従順であられたお姿を物語っています。

1～3節は賛美の勧めです。誰がほめたたえるでしょうか。主のしもべたちです。いつほめたたえるでしょうか。今よりとこしえまでです。どこでほめたたえるでしょうか。日の昇る所から沈むところすべてにおいてです。主のしもべらの時空を越えた讃美です。

4～6節は栄光の主のお姿です。誰よりも高くあられ、その栄光は天よりも高く、至高の御座に着座しておられるお方です。ところが、そのお方が「身を低くして　天と地をご覧になる」（6節）というのです。それは神のかたちであられたお方が僕《しもべ》のかたちをとり、私たちと全く同じ人となり、「自らを低くして、死にまで、それも十字架の死にまで従われました」（ピリピ2・8）というお姿と重なります。

7～9節は低きに降られたお方のあわれみのみわざです。弱い者、貧しい者をちりあくたから引き上げ、高い地位に上げられるというのです。また子のいない女性に子を持つ母の喜びを与えるように、あらゆることにおいて繁殖の祝福を与えられるというのです。いと高きお方が低く降られ、罪と汚れの中にある者を引き上げ、天の所に座らせてくださる大いなる救いの恵みを、心から感謝しようではありませんか。

［祈り］主よ、あなたは天から低く降られ、この罪人を天の所に引き上げられたことを感謝します。

大いなる救いのみわざ

［詩篇114篇］

イスラエルがエジプトから／ヤコブの家が　ことばの異なる民のうちから／出て来たとき／ユダは神の聖所となり／イスラエルは神の領地となった。（1〜2節）

短くも美しい写実的な詩篇です。全篇に大いなる救いのみわざが歌われています。

まず1〜2節をご覧ください。ここに救いの全貌が歌われています。エジプトを出ること、言葉の異なる民から離れること、それは罪と汚れに満ちた滅び行く世から出ることを示しています。キリストの十字架による、世と悪魔と肉欲からの救いを意味するでしょう。神の聖所となるとは、私たちが生ける神の宮となることです。古き人は十字架につけられ、聖霊が内住くださる恵みです。神の領地となるとは、私たちの全てを主に明け渡し、全く主のものとなりきることを示します。

次に3〜4節をご覧ください。出エジプトからシナイ山までの歴史的な救いのみわざが絵画的に歌われています。「海は見て逃げ去り」は言うまでもなく紅海が真っ二つにされ、エジプト軍から救出された奇跡、「ヨルダン川は引き返した」はヨルダン川がせき止められ、約束の地カナンに侵入した奇跡を表しています。「山は……跳ね回った」はシナイ山での律法授与の時に山々が震い動いたことを表しています。それらは、救い、聖霊の満たし、内住の律法というキリストの贖いの根拠を示しています。

さらに5〜7節をご覧ください。「海よ、山々よ」と呼びかけ、全地全人類に対して神の威光と大いなる救いを覚え、おののいて礼拝することを勧めます。

最後は8節です。岩を沢に、硬い岩を泉に変えられる、主の恵みです。これはシナイの荒野においてなされた奇跡です。しかし私たちの救いの神は、今日もこのような「生ける水」を豊かに与え続けてくださるのです。

さあ、心からこの大いなる救いをほめ歌いましょう。

救いの神への感謝、讃美とともに、この救いを知らない人々にこの救いを証しし、宣べ伝えましょう。

［祈り］私たちの救いの神様、あなたの大いなる救いを感謝し、あなたを讃美し、この恵みを証しします。

死んだ神と生きておられる神

［詩篇115篇］

私たちにではなく　主よ　私たちにではなく／ただあなたの御名に　栄光を帰してください。／あなたの恵みとまことのゆえに。（1節）

一牧師の「でくのぼうの神さま」という童話です。アブラハム少年が偶像の町カルデアのウルにいた頃、父親が作った偶像の店の留守番をしていた。偶像を買いに一老女が現れる。あれこれ物色するが、その都度少年は、目や耳や口が欠けた神々、昨日できた無傷の赤ちゃんの神が、なぜ人の悩みを見聞きできるのかと説得し、生ける神を紹介する。老女は少年の話を受け入れ感謝し、お礼にぼた餅をくれる。すると少年は偶像の口々にこれを塗り、破壊する。帰宅した父親が烈火のごとく怒ると、これこれ云々でお礼のぼた餅を偶像たちが奪い合い、この始末とお詫びする。父親が「このでくのぼうの神さまが物を言ったり、手を動かしたりするものか」と怒るや、少年は「お父さん、口があっても語れず、目があっても見ることができず、耳があっても聞くことができず、手があっても動かすことのできない神さまを、どうして作るのですか」と訴えると、父親はウムと言ったまま、家族あげて新しい信仰の旅立ちをしたとさ、というお話。

本篇は、死んだ神（4～8節）と生きておられる神（9～18節）の対比が鮮明です。すなわち「人間が造った神」と「人間を造られた神」の対比です。「『が』の神」か「『を』の神」の違いです。「想像の神」か「創造の神」かの対比です。偶像か真の神か、信仰の対象が人生と永遠を決定します。偶像は、口、目、耳、鼻、手、足、喉があっても何も機能しません。これを信じる者も偶像と同様、虚しく愚かです。一方、生ける神は、天におられ、みこころを行い、信じ拠り頼む者を助け、盾となり、大小いかなる者であっても主を恐れる者に恵みに恵みを増し加えられるお方です。

偶像を信じない、持ち込まない。生ける神にのみ栄光を帰す。高額の偶像を家の者を集め、牧師に祈っていただき処分する。その時、胸はスッキリ、心は晴れやか、信仰は強められ、讃美は溢れます。ハレルヤ！

［祈り］主よ、あなたこそ生ける真の神です。私はあなたに栄光を帰し、あなたを信じ、愛し、従います。

生も死も主のみ前で

［詩篇116篇］

私は生ける者の地で／主の御前を歩みます。（9節）
主の聖徒たちの死は　主の目に尊い。（15節）

主の聖徒の死は、その生の終結です。主の臨在の前を歩み、主の臨在の前で死す。あまたの聖徒の尊い死を目撃してきた者として、右掲の聖句は真実で現実です。

本篇の1～7節には、主の聖徒が造られる救いの工程が記されています。まず、死の綱、よみの恐怖からくる苦しみと悲しみが先行します。救いはここから始まります。罪のゆえの恐れ、苦しみを経ない救いはありません。次に、救いの叫びです。「主よ　どうか私のいのちを助け出してください」と。すると必ず、主は答えられます。「主は情け深く　正しい。／まことに　私たちの神はあわれみ深い。」主は自分の愚かさを認め、おとしめられ、砕かれた魂を受け入れられるのです。さらに主は、救われた者を、「全きいこい」（7節）、豊かな命へと導かれるのです。

８節以下を見ると、この救いに伴うすばらしい恵みを見ることができます。死の恐れからの救い、悲しみの涙からの癒やし、躓きからの守り、生ける主の御前での生活、大いなる悩みからの信仰による救出、もろもろの恵みへの抑えきれない感謝、主のしもべとしての献身の誓い、主の目に尊い御前の死などです。

四半世紀も前になりますが、恩師小島伊助先生の危篤の報を受け、私たち夫婦は病院に車を走らせました。息を引き取られる瞬間が近づくにつれ、先生のお顔は桃色に染まり、あたかも天使のようなお顔に変貌していきました。聖化から栄化へのドラマと言っても過言ではありません。先生のベットを取り囲む者たちは、ただ主の御名をほめたたえたことです。

主の聖徒の死はその御前にて貴し！　御前での尊い死（ホーリー・ダイイング）は御前での聖なる生活（ホーリー・リビング）にかかっていることを心に留めましょう。

［祈り］救いの主よ、あなたの大いなる救いを感謝します。生ける限り、あなたの臨在の御前に歩みます。主の御前での尊い死にまで私をお導きください。

絶大な恵みと永遠のまこと

［詩篇117篇］

すべての国々よ　主をほめたたえよ。／すべての国民よ　主をほめ歌え。／主の恵みは私たちに大きい。／主のまことはとこしえまで。／ハレルヤ。（1〜2節）

聖書中最も短い篇です。聖書の真ん中、つまり聖書のおへその詩篇です。小篇なれど世界を包む雄大な詩篇です。使徒パウロもローマ人への手紙で「すべての異邦人よ、主をほめよ。すべての国民が、主をたたえるように」（15・11）と本篇1節を引用しています。異邦人の救いはパウロが言い出したことではありません。聖書のおへそがすでに歌っているではありませんか。実に聖書は全巻世界宣教の書なのです。たった二節の小篇の中に、讃美の要素がすべて含まれています。

まず、讃美の対象です。主をほめたたえよ！　そうです。ひとり主ご自身だけが讃美を受けるにふさわしいお方なのです。ヨハネの黙示録を見ても、二十四人の長老たちが、彼らの冠を御座の前に投げ出し、「主よ、私たちの神よ。あなたこそ栄光と誉れと力を受けるにふさわしい方」（4・11）と礼拝をささげています。

次に、讃美の範囲は、「すべての国々よ、すべての国民よ」と呼びかけているように、全世界の諸国、諸民です。選民も異邦人もなく、キリスト教国も非キリスト教国もなく、讃美の渦が全世界を包むというのです。何と壮大な詩篇でしょうか。そのために世界宣教は必須です。家族、親族、友人の救いも必須です。

さらに、讃美の理由です。「主の恵みは私たちに大きい」（2節）が第一の理由です。第二は「主のまことはとこしえまで」（2節）だからです。主の絶大な恵み、永遠のまことこそ、讃美の理由なのです。「恵みとまことは王を保つ」（箴言20・28）とあるように、主イエスは真の王にして「恵みとまことに満ちておられた」（ヨハネ1・14）お方でした。罪人を赦す神の恵み、罪を裁く神のまこと、その恵みとまことは十字架上で口づけしたのです。

［祈り］主よ、聖書の中心の聖句を感謝します。あなたの恵みとまことのゆえに心から讃美します。

感謝の歌——主のわざは不思議

［詩篇118篇］

家を建てる者たちが捨てた石／それが要の石となった。／これは主がなさったこと。／私たちの目には不思議なことだ。（22〜23節）

神の義は修道士ルターにとって、恐怖以外の何ものでもありませんでした。しかし、「義人は信仰によって生きる」のみことばが彼に臨んだとき、神の義は罪人を裁く義ではなく、罪人を信仰のみによって義と認める恵みの義に変えられたのです。その修道院での「塔の体験」を彼は、このように記しています。「私は、自分自身が再び生まれ、開かれた門を通ってパラダイスに進み行くことを感じた」と。思えばルターはこの詩篇を、「これは私の詩篇、私の選んだ詩篇である」と述べています。

「義の門よ　私のために開け。／私はそこから入り　主に感謝しよう」（19節）。義の門は開かれました。「これこそ主の門。／正しい者たちはここから入る」（20節）。そうです。主が開かれた救いの門です。正しい者とは、信仰による義人のことです。この門が開かれるために「家を建てる者たちが捨てた石／それが要の石となった」（22節）のです。主はゴルゴタで捨てられ、救いの家の要の石になられました。私たちの目には不思議です。「主の御名によって」主の家に入った私たちは、主が設けられた救いの日を喜び楽しみ、「祭の行列を組め。／祭壇の角のところまで」（27節）進ませねばなりません。

本篇は、113篇から続く讃美詩集の最後を飾る詩篇です。主イエスは過越の食事の後、これを歌い「家を建てる者たちに捨てられる」ためにオリーブ山へ、ゴルゴタへと向かわれました。詩の前後は「主に感謝せよ」で始まる、同じ感謝の言葉が用いられています。神の味方による守り（5～9節）、主の御名、主の右の御手による圧倒的勝利（10～18節）に続く、主の門に入っての感謝と讃美（19～21節）は圧巻です。

ああ、驚くばかりの恵みなりき、この身の汚れを知れるわれに！

［祈り］愛する主よ、あなたに感謝します。あなたは恵み深く、その慈しみは永遠です。
私のためにパラダイスへの門を開かれたことを心から感謝します。

みことばに生きる幸い、みことばのきよめる力

［詩篇119・1〜16］

幸いなことよ／全き道を行く人々／主のみおしえに歩む人々。（1節）

どのようにして若い人は／自分の道を　清く保つことができるでしょうか。／あなたのみことばのとおりに　道を守ることです。（9節）

詩篇中最長篇の詩篇です。八節ずつを一段落とし、各段落の各節が、ヘブル語のアルファベットに従い、同じ文字で始められています。ほとんど各節に神の言葉を意味する、みおしえ、さとし、道、戒め、おきて、仰せ、みことばなどが記されています。まさに「みことばの詩篇」です。詩人は霊においてみことばを愛し、慕い、知性において学び、探求し、行動において守り、実行しています。霊と心とからだ、全人格を傾けての、みことばへの取り組みです。

まずアレフの段落です。主のみおしえに歩む者、主の道に歩む者の幸いです。みおしえはトーラー、モーセ律法、モーセ五書、ひいては旧約全書を意味します。詩篇第1篇に通

じる証しです。みことばは私たちを縛るのではなく、私たちに自由と喜びを与えます。本段落ではみことばを「守る」（2、4、5、8節）が目に留まります。

次にベスの段落です。みことばのきよめる力の証言です。年齢や信仰の若い人が自分を清く保つ秘訣は、みことばにあります。「私はあなたのみことば心に蓄えます。／あなたの前に罪ある者とならないために」（11節）。これこそ罪の力に勝つ秘訣です。使徒パウロも、「キリストのことばが、あなたがたのうちに豊かに住むようにしなさい」（コロサイ3・16）と勧めています。わずかでなく豊かに、一時的でなく恒久的に宿らせるのです。また、みことばは悪魔と戦うときの唯一の攻撃的な武器です。「御霊の剣、すなわち神のことばを取りなさい」（エペソ6・17）と勧められています。主イエスもみことばをいちいち用いて悪魔に勝利されたではありませんか（マタイ4・4、7、10）。主が語られることばにより、常にきよくされ続けましょう。

［祈り］主よ、みことばに生きる喜びと力を感謝します。あなたのみことばを心に蓄えます。私はどんな宝よりも、あなたのみことばを喜びます。

みことばのくすしさ、みことばによる広い心

〔詩篇119・17〜32〕

私の目を開いてください。／私が目を留めるようにしてください。／あなたのみおしえのうちにある奇しいことに。（18節）

私はあなたの仰せの道を走ります。／あなたが私の心を広くしてくださるからです。（32節）

綴り字ギメルから始まる段落です。本段落でも神のことばが、みことば、みおしえ、仰せ、さばき、さとし、おきてなどと表されています。みことばを慕い求め、守り、思いを潜め、押しつぶされる。これが、みことばに向かう詩人の姿勢です。彼は自分をしもべ、旅人と告白し、みことばを仰ぎます。「私の目を開いてください。／私が目を留めるようにしてください。／あなたのみおしえのうちにある奇しいことに」（18節）は、車田秋次先生の聖書に向かう姿勢であったと伺います。詩人はさらに「あなたの仰せを私に隠さないでください」（19節）と迫ります。聖霊により霊眼が開かれ、聖書の奇しき真理を発見し、

砕かれ、喜び、教えられ、満たされる。まさにみことばの人の真骨頂です。「聖霊によって記された聖書を聖霊によって説き明かしてください。」これは澤村五郎先生のクラスでの祈りでもありました。

ダレスの段落に進みましょう。「みことばのとおりに私を生かしてください（25節）。教えてください（26節）。悟らせてください（27節）。強めてください（28節）。私をあわれんでください（29節）。恥を見させないでください（31節）」。みことばの生命、力、真理を知った者の気迫溢れる迫りです。そのように祈った彼は、「あなたの定めを自らの前に置きました。私はあなたのさとしに固くすがります」（30〜31節）と明確に自分の意志を表し、「私はあなたの仰せの道を走ります。／あなたが私の心を広くしてくださるからです」（32節）と言い表します。みことばにより生かされ、強められ、あわれまれ、悟りが与えられるとき、心は恵みに満たされ、自由と喜びに溢れ、広くされるというのです。そして主の道をまっすぐに走ることができるのです。何と幸いなみことば人生でしょうか。

［祈り］主よ、あなたのみことばは何と奇しいことでしょうか。あなたのみことばに生きる者としてください。

みことばの知恵、みことばの約束

［詩篇119・33〜48］

主よ　あなたのおきての道を私に教えてください。／そうすれば　私はそれを終わりまで守ります。（33節）

主よ　あなたの恵みが私にもたらされますように。／あなたの救いが　みことばのとおりに。（41節）

綴り字「へ」で始まる段落は、みことばの知恵を求める詩人の姿が鮮明です。みことばには神の知恵が満ちています。その神の知恵は私たちの人生を正しく導き、生かし、私たちに喜びを与えます。ですから詩人は「おきての道を私に教えてください」（33節）、「悟らせてください」（34節）、「仰せの道を踏み行かせてください」（35節）、「わたしを生かしてください」（37節）、「仰せのことばが成……るようにしてください」（38節）と祈り求めます。そして「終わりまで」（33節）「心を尽くして」（34節）これを守り、これに従い、「不正な利得」（36節）や「むなしいもの」（37節）から離れ、「あなたの戒めを慕っています」（40節）と心を定めます。「あなたがたのうちに、知恵に欠けている人がいるなら、その人は、だれにでも惜しみなく、とがめることなく与えてくださる神に求めなさい。そうすれば与えられます」（ヤコブ1・5）とヤコブも勧めています。

ワウの段落に進みましょう。みことばは神の約束に満ちています。みことばによって私たちは神の約束を確かなものにするのです。罪の赦し、心のきよめ、聖霊の満たし、主の御姿への変貌、主の再臨、キリストの王国、新天新地など、救いに関わる全ては神のみことばの約束に基づいています。さらに病の癒やし、全家の救い、試練の中での勝利など、信仰の実生活においてもみことばの約束は真実です。ですから私たちはみことばに信頼し（42節）、広やかな所を歩き（45節）、「私は　あなたのさとしを王たちの前で述べ／しかも恥を見ることはありません」（48節）と言いえるのです。使徒パウロはアグリッパ王の前でも臆せずみことばを証ししたではありませんか（使徒26・1〜2）。「愛するあなたの仰せ」（47、48節）を喜び、尊び、深く思いましょう。

［祈り］主よ、あなたのみことばによって、あなたの知恵とあなたの約束を与えてください。

みことばは旅の家の歌、みことばは日常の恵み

［詩篇119・49〜64］

あなたのおきては　私の旅の家で／私の歌となりました。（54節）
主は私への割り当てです。／私は　あなたのみことばを守ると申し上げました。（57節）

小島伊助先生が「福音」誌に連載された「旅の家の歌」は『小島伊助全集』第九巻に集録されています。生い立ちから晩年に至る信仰人生に、いかにみことばが生き働いていたか、その濃密なみことば人生に圧倒されます。実にみことばは「悩みのとき」（50節）、「嘲りの中で」（51節）、「人生の旅路で」（54節）、「静かな夜の間に」（55節）、私たちに「望み」（49節）、「慰め」（50節）、「生命」（50節）、「勝利」（51節）、「聖なる怒り」（53節）、「祝福」（56節、口語訳）を与え、「私の旅の家の歌」（54節）となるのです。あなたを生かし、あなたを慰め、あなたに希望を与え、あなたを勇気づけたみことばは何でしょうか。あなたの「旅の家の歌」なるみことば集は、きっとあなたの宝となり、あなたの信仰の友への

励ましとなることでしょう。

ザインからヘスの段落へ進みましょう。みことばは折々の旅の家の歌であるとともに、日常生活の恵みです。「主は私への割り当て」（57節）と言いえる信仰者は幸いです。ダビデも主を「私への割り当て分　また杯」（詩篇16・5）と言い表しています。みことばは私たちに「恵み主への懇請」（58節）、「悔い改め、方向転換」（59節）、「即座の服従」（60節）、「迫害の中での勝利」（61節）、「真夜中の感謝」（62節）、「聖徒の交わり」（63節）、「恵みの満たし」（64節）を与えてくれます。ですから詩人は、みことばを「守る」（57節）、「乞い求めます」（58節）、「自分の道を顧みる」（59節）、「みおしえを忘れません」（61節）、「主に感謝します」（62節）、「おきてを教えてください」（64節）とみことばに向き合います。あなたは日常生活の中で、このようにみことばに向き合っておられますか。携帯の万歩計は、その日が終わるとゼロになります。昨日のみことばの糧でなく、今日のみことばの糧を求めましょう。

［祈り］主よ、あなたのみことばを私の旅の家の歌とし、また今日のあなたのみことばを慕い求めます。

みことばの学び、みことばの取り扱い

［詩篇119・65〜80］

苦しみにあったことは　私にとって幸せでした。／それにより　私はあなたのおきてを学びました。（71節）

主よ　私は知っています。／あなたのさばきが正しいことと／あなたが真実をもって／私を苦しめられたことを。（75節）

宗教改革者ルターが言うように、私たちをきよめるものは、みことばと祈りと試練の三つです。この三つは一つとなって働きます。試練の中で神に祈り求めるとき、主はみことばをもってお答えくださいます。その時、私たちはみことばのはらわたを学び、私たちの魂は引き上げられるのです。高ぶり偽る者（69節）、心の鈍感な者（70）には、この恵みを味わうことは不可能です。「苦しみにあったことは　私にとって幸せでした。／それにより　私はあなたのおきてを学びました」（71節）。苦しみという学校は、何というすばらしい学びを与えてくれることでしょう。みことばは頭脳だけでは理解できません。涙の試練

の学校でこそ、「あなたは　いつくしみ深く／良くしてくださるお方です」（68節）と学ぶことができ、「あなたの御口のみおしえは　私にとって／幾千もの金銀にまさります」（72節）と誇ることができるのです。

テスからヨードの段落へ進みます。私たちを造り、整えてくださった主は、創造者であり、たましいの父であられます。ですから肉親の父が自分の考えに従って子どもに訓練を与えるとすれば、なおさら「霊の父は私たちの益のために、私たちをご自分の聖さにあずからせようとして訓練される」のです（ヘブル12・10）。詩人はこの段落で、「主よ　私は知っています。／あなたのさばきが正しいことと／あなたが真実をもって／私を苦しめられたことを」（75節）と言い表しています。私たちもみことばの悟りを求め（73節）、主の取り扱いの中で、主のあわれみに生かされ、主のみおしえを喜ぶ者（77節）とさせていただきましょう。

［祈り］主よ、苦しみの中で主のおきてを学び、あなたのお取り扱いの中で主の真実を学ばせてください。

みことばによる望み、みことばは永遠不変

［詩篇119・81〜96］

私のたましいは　あなたの救いを慕って／絶え入るばかりです。／私はあなたのみことばを待ち望んでいます。（81節）

主よ　あなたのみことばは　とこしえから／天において定まっています。／あなたの真実は代々に至ります。／あなたが地を据えられたので／地は堅く立っています。（89〜90節）

綴り字カフで始まる段落です。高ぶる者の迫害の中で、皮袋が煙の中で乾燥し、役に立たなくなるようにたましいが衰え果てるとき、詩人はなおもみことばを絶え入るばかりに慕い、「いつあなたは私を慰めてくださるのですか」と約束を待ち、みことばによって望みを抱くのです。「望みは失せ　詮方《せんかた》尽きて／心弱り　思い萎《しお》れ／再び立ち上がる力無き時にも／神を信ぜよ／神を信ぜよ　神を信ぜよ／神を信じて　勇み立てよ」（新聖歌四四一）と歌われているとおりです。神を信じ仰ぐとき、神は必ずみことばの約束を与え、私

たちに望みを抱かせてくださるのです。「どうか、希望の神が、信仰によるすべての喜びと平安であなたがたを満たし、聖霊の力によって希望にあふれさせてくださいますように」（ローマ15・13）。アーメン。

ラメドの段落に進みましょう。「主よ　あなたのみことばは　とこしえから／天において定まっています。／あなたの真実は代々に至ります」（89〜90節）とあるように、神のみことばは永遠にして不変です。「天地は消え去ります。しかし、わたしのことばは決して消え去ることがありません」（マタイ24・35）と主イエスが言われたとおりです。天地は神のことばによってなり、神のことばによって「今日も……堅く立っています」（91節）。ですから詩人は、もし神の永遠不変のみことばを楽しんでいなかったら、「苦しみの中で滅んだでしょう」（92）と証しします。そして「私はあなたのもの」（94節）と告白し、みことばのさとしを求め、ひたすらみことばを深く思うのです。

［祈り］主よ、どのような厳しい境遇の中でも、あなたのみことばにより望みが与えられることを感謝します。あなたのみことばは私にとって永遠不変の約束です。

みことばは霊的知恵、みことばは道の光

［詩篇119・97〜112］

私には　私のすべての師にまさる賢さがあります。／あなたのさとしが私の思いだからです。（99節）

あなたのみことばは　私の足のともしび／私の道の光です。（105節）

メムの段落には「敵よりも賢く」「師にまさる賢さ」「老人たちよりも見極めができます」「戒めがあり　見極めができます」（98、99、100、104節）など、知恵に関わる聖句が目立ちます。この知恵は、この世に属する知識とは異なります。神の奥義的真理を知り弁える、霊的な知恵なのです。それは悪魔という敵の策略を見破り、世の教師たちよりも賢く、人生経験豊かな老人たちにも優る知恵であるというのです。驚くことにこの知恵は、世の知者賢人には隠して「幼子たちに現してくださいました」（マタイ11・25）と主イエスは祈られました。純粋無垢な幼児のような心に与えられる神の知恵です。「自分が幼いころから聖書に親しんできたことも知っているからです。聖書はあなたに知恵を与えて、キリス

ト・イエスに対する信仰による救いを受けさせることができます」（Ⅱテモテ3・15）と使徒パウロも記します。ですから詩人はこの知恵を求め、みことばを「愛し、深く思い、蜜よりも私の口に甘い」（97、99［口語訳］、103節）と味わうのです。

ヌンの段落に進みましょう。119篇の代表的聖句の登場です。「あなたのみことばは　私の足のともしび／私の道の光です」（103節）。イムマヌエル総合伝道団元総理の朝比奈寛先生の日々の霊想書『道の光』を家族の者が愛読しています。実にみことばそのものに立つストレートな霊想書です。紛れもなく日々の「道の光」です。「私は　いつもいのちがけです」、「悪者どもは私に対して罠を設けました」とあるように、人生の闇路には危険とわながいっぱいです（109～110節）。しかし足下の灯火、道の光であるみことばがあれば安全です。みことばは罪を犯す危険から私たちを救い、悪魔の設けた罠から逃れさせてくれるのです、ですから光であるみことばを最後まで守り抜きましょう。

［祈り］主よ、わが足のともしび、道の光である、あなたのみことばを感謝し、終わりまでみことばを守ります。

みことばによる裁き、みことばによる働き

［詩篇119・113～128］

私は　二心のある人たちを憎み／あなたのみおしえを愛します。（113節）
今こそ主が事をなさる時です。／彼らはあなたのみおしえを破りました。（126節）

綴り字サメクとアインで始まる段落を見ることにしましょう。この二つの段落でまず目につくものは、神と神の聖徒が憎み退ける者についてです。第一に二心の者です（113節）。神半分世半分という、どっちつかずの信者です。彼らの心の根は世にはびこっています。第二に悪を行う者です（115節）。彼らは神の戒めを守ることをしません。第三に神のおきてから迷い出る者です（118節）。一度は神のおきてに歩んでいてもそこから迷い出ることは、神を欺くことなのです。第四に虐げる者です（121節）。いじめは古今東西の人類悪です。第五に高ぶる者です（122節）。神は高ぶる者を退け、へりくだる者に恵みを与えられます。第六に神のみおしえを破る者です（126節）。神のみおしえを破る者は、神のみこころを引き裂く者です。そして第七に偽りの道を歩む者です（128節）。彼らは「道の光」で

あるみことばを退ける者です。これらの悪しき者たちへの主の裁きは歴然です。「あなたは　地の上のすべての悪しき者を／金かすのように　取り除かれます」（119節）とあるとおりです。

では、神が愛し、祝福される者たちは、どのような者でしょうか。第一にみことばを愛する者です（113、119、127節）。第二にみことばに望みを抱く者です（114、116節）。第三にみことばを守る者です（115節）。第四にみことばを見つめる者です（117節）。第五に主を恐れ震え、みことばによる裁きを恐れる者です（120節）。第六に主の義のみことばを慕う者です（123節）。そして第七にみことばに従う者です（128節）。このような者たちに対して、主は働かれます。ご覧ください。「今こそ主が事をなさる時です」（126節）。主のみことばを破る者がいても、主に心を向け、みことばを愛する者がいるとき、主はその全能力を現されるのです。

［祈り］主よ、あなたのみことばを心から愛します。今こそあなたのみわざを現してください。

みことばによる御顔の顕現、みことばの確かさ

［詩篇119・129〜144］

御顔をあなたのしもべの上に照り輝かせ／あなたのおきてを教えてください。（135節）
あなたのみことばは　よく練られていて／あなたのしもべはそれを愛しています。（140節）

綴り字ペとツァデーで始まる段落に進みます。この二つの段落の中から、神のみことばとは何か、いかにみことばに取り組むか、そしてみことばはみことばに取り組む者に何をなすかについて見ることにしましょう。

第一に神のみことばは何かです。まずみことばは「奇《くす》しく」（129節）、次にみことばは「真っ直ぐで」「永遠に義です」（137、142、144節）。さらに、みことばには主の義と真実が伴います（138節）。加えて、みことばはよく練られていてまことです（140、142節）。何と健全な聖書信仰でしょうか。

第二に神のみことばにいかに取り組むかです。まず霊におけるみことばの取り組みです。

「私は口を大きく開けて　あえぎます。／まことに　私はあなたの仰せを慕います」（131節）。「あなたのしもべはそれを愛しています」（140節）。「あなたの仰せは私の喜びです」（143節）。みことばを渇望し、愛し、喜ぶたましいは幸いです。次に知的な取り組みです。みことばに学び、教えられ、忘れず、暗記するのです（135、141）。さらに体をもってのみことばの取り組みです。詩人は「私のたましいはそれに目を留めます……あなたの戒めを守るようにしてください」（129、134節）と言い表し、「私の目から涙がとめどなく流れ落ちます。／彼らがあなたのみおしえを守らないからです。」（136節）と嘆くのです。みことばを守る。まさにみことばの体得です。

第三にみことばは何をなすかです。まずみことばは従い、守ってこそ、みことばを理解できるのです。みことばは悟りを与えます（130、144節）。「みことばの戸が開くと　光が差し／浅はかな者に悟りを与えます」（130節）。次にみことばはすべての不法から救います（133節）。さらにみことばは御顔に導き、御顔の光はみことばを輝かせます。「御顔をあなたのしもべの上に照り輝かせ／あなたのおきてを教えてください」（135節）。ハレルヤ！

［祈り］主よ、あなたの真理のみことばを愛します。みことばにより知恵を与え、きよくし、御顔を輝かせてください。

みことばを求める叫び、みことばの全体は真理

［詩篇119・145〜160］

私は夜明け前に起きて　叫び求めます。／あなたのみことばを待ち望んでいます。（147節）

みことばのすべては真実です。／あなたの義のさばきはことごとく／とこしえに至ります。（160節）

コフの一段では「私は心を尽くして呼び求めます」、「私はあなたを呼び求めます」、「私は夜明け前に起きて　叫び求めます」（145、146、147節）と詩人のみことばを求める叫びが聞こえてくるようです。詩人は朝未明に神に呼ばわり、深夜にまでみことばを黙想し、敵が悪巧みをもってそっと近づくときも、「主よ　あなたがそばにおられます」（151節）と言い表しています。早朝未明からみことばに望みを置いて祈り、夜更けまでみことばを黙想し、危険が忍び寄る中でも主の臨在を身近に感じて力づけられる信仰者は幸いです。実に主の聖徒は、みことばと祈りにより日々形造られていくのです。

レシの段落に進みましょう。ここでは悩みの中で、みことばによって生かされることを願う詩人の姿が鮮明です。「あなたのみことばにしたがって／私を生かしてください」(154節)、「あなたの定めにしたがって／私を生かしてください」(156節)、「あなたの恵みによって／私を生かしてください」(159節)と「生かしてください」の祈りが三回続きます。

信仰者を生かすものは、主のみことばと公義（156節、口語訳）と恵みなのです。不信仰者はみことばを守りません。しかし詩人は「ご覧ください。／どんなに私があなたの戒めを愛しているかを」(159節)と主に申し上げ、「みことばのすべては真実です。／あなたの義のさばきはことごとく／とこしえに至ります」(160節)と言い表します。「ことごとく」とあるように、聖書は思想霊感ではなく、一言一句ことごとく「言語霊感」された神の言葉です。また「みことばのすべては」とあるように、聖書は部分的霊感ではなく、創世記から黙示録まで全体に「十全霊感」された神の真理の言葉なのです。この「聖書信仰」にこそ信仰者の基盤があるです。

［祈り］主よ、聖書全体は真理です。朝に夜にあなたに呼び求めます。みことばにより私を生かしてください。

みことばによる勝利、みことばによる讃美

［詩篇119・161〜176］

君主たちは　ゆえもなく私を迫害します。／しかし私の心は／あなたのみことばにおののいています。（161節）

私の舌が／あなたのみことばを歌うようにしてください。／あなたの仰せは／ことごとく正しいからです。（172節）

「真理の敵に対しては勇敢無比、しかし私の敵に対しては無抵抗」と内村鑑三は言いました。「私たちは、真理に逆らっては何もすることができませんが、真理のためならできます」（Ⅱコリント13・8）と使徒パウロも記しています。真理に逆らえば無能、真理に立てば有能！　実にみことばの真理の帯は私たちに力を与えます。綴り字シンの段落では、真理のみことばに立つ者には迫害の中にも平安と勝利があることが証しされています。みことばに立つとは、みことばにおののき（161節）、大きな獲物を見つけた者のように喜び（162節）、これを愛し（163、165、167節）、みことばのゆえに一日に数度主を讃美する（164節）

ことです。そこに豊かな平安（165節）と救いの望み（166節）が与えられるというのです。まさにみことばによる勝利の生活です。

詩篇中最長篇の本篇最後の段落は、ヘブル語アルファベット最後の綴り字タウで始まる段落です。詩人はここで神の知恵を求め、神の助けを三度祈っています（170、173、175節）。そしてすべての戒めの正しさのゆえに「私の舌が／あなたのみことばを歌うようにしてください」（172節）、「あなたの御手が私の助けとなりますように。／まことに　私はあなたの戒めを守りました」（173節）と讃美しつつ祈るのです。みことばと祈りと讃美、ここに三位一体的恵みの手段があります。みことばの豊かさ、みことばに取り組む姿勢、みことばの力あるみわざ、これらのことを念頭に、祈りと讃美をもって詩篇の深みに入りましょう。「私は　滅びる羊のようにさまよっています。／どうかこのしもべを捜してください。／私はあなたの仰せを忘れません」（176節）。牧者なる主は迷える羊を捜し出し、みことばをもって養われます。ハレルヤ！

［祈り］みことばなる主よ、みことばの詩篇119篇を少しでも味わえたことを感謝します。私たちもさらにみことばを慕い、学び、実行する者としてください。

寄留地からの都もうでの歌

［詩篇120篇］

苦しみのうちに私が主を呼び求めると／主は私に答えてくださった。（1節）

本篇から134篇までの十五篇は「都上りの歌」です。春の過越の祭り、夏の七週の祭り、秋の仮庵の祭りに、イスラエルの民はエルサレムの都めざして信仰の旅を続けました。その時に歌われた歌が「都上りの歌」です。私たちも「天の都」をめざして、主を讃美しつつ、日々都上りの旅を続けてまいりましょう。

本篇は明らかに外国の寄留地からエルサレムに向かう時に歌われたものです。詩人は、「ああ　嘆かわしいこの身よ。／メシェクに寄留し／ケダルの天幕に身を寄せるとは」（5節）と、自分がエルサレムの都から遠く離れた寄留地に住んでいることを明らかにしています。メシェクは小アジア北部の黒海に近い地域に住む民、ケダルはイシュマエルの子孫でアラビア人に属し、黒い天幕に住んでいたとのことです。いずれも欺きの舌を持つ、好戦的な民でした。平和を願う信仰者にとってメシェクやケダルは、寄留地の代名詞と言えるでしょう。そうです。今日の私たち信仰者も、欺きと争いを好むメシェクとケダルに寄留する民と言えるでしょう。

本篇の1節は結語とも言える詩人の確信です。この確信に立って詩人は欺く者からの救いと彼らに対する神の裁きを求め（2～4節）、現在の危険な状態を訴えています（5～7節）。信仰者を苦しめる欺きの舌への神の報いは、勇士の鋭い矢であり、えにしだの根を燃やす火力の強い炭火であるというのです。

かつて詩人が寄留地にあって、「シャローム、平安がありますように」と挨拶しても一瞥するだけで答えもなく、一言語れば敵意に満ちた十の言葉が返ってくることを経験したように、私たちもこれと似た辛い環境に置かれることもあるでしょう。その時こそ、本篇の1節を思い起こし、主に呼ばわろうではありませんか。「苦しみのうちに私が主を呼び求めると／主は私に答えてくださった。」アーメン、ハレルヤ！

［祈り］主よ、どのような辛い状況の中でも、私はあなたを呼び求めます。私を助けてください。

御翼の陰は安らかなり

［詩篇121篇］

主はあなたを　行くにも帰るにも／今よりとこしえまでも守られる。（8節）

神の守りを歌った有名な詩篇です。全八節中、六回も「守る」ということばが出てきます。1〜2節では天地の創造者を私の助けと歌い、3〜4節ではそのお方はまどろむこともなく守られる神であると歌い、5〜8節ではすべての災いからの守りが歌われています。

夫婦で何回か海外に出向く中で、神の守りを幾度体験したことでしょうか。ある時は帰国に向かう機中で倒れ、カナダのエドモントン空港に緊急着陸を余儀なくされました。ほぼ満タンのガソリンを一乗客のために放出しての着陸であったと聞かされ、主イエスがこの小さき者のために血潮を注ぎ出し、いのちを放出し、永遠の滅びからお救いくださったことを思わされ、主の守りと助け、また妻と機長、乗務員、乗客の中の手当てをしてくれた医師らと見守ってくれた全乗客にも心から感謝をささげたことです。その後も何度かトラベリング・マーシィー（旅のあわれみ）を経験したことです。ですから賛美歌「いかに恐

るべき　ことありとも／御翼の陰は　安らかなり」（新聖歌三一一）は私たちの旅の歌とな

りました。

「私は山に向かって目を上げる」（1節）。この山はエルサレムの山々でしょう。そして

詩人は、そこに臨在される天地創造の神から来る助けを歌いました。それとともに信州の

山国で育った私は、壮大な北アルプスの山々や八ヶ岳連峰とはるか彼方の富士山の雄姿を

仰ぎ、天地創造の神とその助けを思い浮かべるのです。主は一瞬たりとも眠ることもまど

ろむこともなく、私たちの足を守り、全身を覆う陰となり、昼の太陽、夜の月から来る災

いから守り、すべての災いを免れさせ、私たちの命を守ってくださるというのです。

「主はあなたを　行くにも帰るにも／今よりとこしえまでも守られる」（8節）。都上り

の往復路ばかりか、「愛の神は　いかなる時にも／頼るながが身　保護し給わん」（新聖歌三

一一）と歌うように、日々私たちを守ってくださいます。

［祈り］主よ、あなたの守りを心から感謝します。私はあなたの御翼の陰に今日も身を

隠します。

栄えに満ちたる神の都エルサレム

［詩篇122篇］

「さあ　主の家に行こう。」／人々が私にそう言ったとき　私は喜んだ。／エルサレムよ／私たちの足は　あなたの門の内に立っている。（1～2節）

「都上りの歌」の三番目の詩篇には、ついにエルサレムに到着した時の感動がみなぎっています。エルサレムよ、われらの足はあなたの門の内に立っている！　慕い焦がれたエルサレムの門の内に立つ喜びが伝わってきます。聖都エルサレムを喜び、誇り、神の都エルサレムのために祈る歌、それが本篇です。1～5節はエルサレム到着の喜び、6～9節はエルサレムの平安を求める祈りです。

イギリスからアメリカに移住したピューリタンたちが最初に建てた建て物は、共同の礼拝所でした。神を信じ、神を愛し、神を第一とし、神を礼拝する者は、自分の家よりも主の家である会堂を愛し、尊び、誇り、そのために祈り、献げます。多くの会堂建築は、このような信者たちの祈りと献げものによって献堂されてきました。その神の民の礼拝と礼拝の場所について本篇から読み取れば、次のようになるでしょう。

第一は神の民の喜びの礼拝です。主日ごとに「さあ　主の家に行こう」と呼び交わし、礼拝に向かう時の喜びは、たとえようもありません。

第二は神の民の家族としての礼拝です。家族揃って礼拝するとともに、「主の部族」（4節）が一同に集まる神の家族としての礼拝です。

第三は神の民の厳かな場所での礼拝です。エルサレムにさばきの座、ダビデの家の王座が設けられていたように（5節）、教会は天の御国の鍵が与えられ、よみの門を撃破する祈りの権能が与えられている所です。

第四は神の民の証しとしての礼拝です。かつては「イスラエルである証しとして／主の御名に感謝するために」（4節）都上りをしました。

今、主日ごとに礼拝を守ることは、神の民の最高、最大のデモンストレーションと言えるのではないでしょうか。


［祈り］主よ、あなたが備えられた会堂で、神の家族として礼拝をささげることができることを感謝します。

わが主に目を注ぐ

［詩篇123篇］

あなたに向かって　私は目を上げます。／天の御座に着いておられる方よ。（1節）

子どもクリスマスのフィナーレ、サンタさんの登場です。期待に満ちた幼子らの視線が一斉にサンタさんに注がれます。野球の選手は監督やコーチのブロックサインを注視します。「バントではない、思い切って打て！」期待どおりのサインです。打者は「よっしゃ」と相手ピッチャーに立ち向かいます。本篇2節では、しもべや仕える女の目が「主人の手に向けられ」とあります。主人が手で彼らの行動を指図するからです。目を注ぐ！これが本篇のキーワードと言えるでしょう。

まず、詩人はだれに目を注いだのでしょうか。それは天の御座に着いておられるお方です。天上の王座に座られるお方。愛とあわれみに富み、あらゆる権能をもっておられるお方に目を注ぐのです。天に座すお方は、私たちが信仰と期待をもって心を向けるに十分なお方です。このお方に目を注ぎ、祈り、期待したことで失望に終わった人は、ひとりもおりません。

次に、どのような姿勢で目を注ぐのでしょうか。しもべや仕える女のように目を注ぐのです。全神経を集中し、主人の指先を注視するように、私たちも私たちの主に目を注ぐのです。「私は主のしもべです。私は主のはしためです。あなたの指図に何でもお従いします」との姿勢で目を注ぐのです。全き信頼、全き服従をもって、主に向かって目を上げるのです。

最後に、何ゆえ主に向かって目を注ぐのでしょうか。私たちの周囲には蔑む者の嘲り、高慢な者の侮りが満ちあふれているからです。「平然と生きる者らの嘲笑に／傲然と生きる者らの侮りに／わたしたちの魂はあまりにも飽かされています」（４節）と新共同訳は訳出しています。ですから私たちは、「主よ　あわれんでください」と祈らずにはおれません。

主に目を注ぎましょう。集中した礼拝、聖書の学び、祈りに信仰者の生命がかかっています。

［祈り］主よ、私はあなたに向かって目を上げます。私をあわれみ、私を守り、私を導いてください。

もしも主が味方でなかったなら

［詩篇124篇］

「もしも　主が私たちの味方でなかったなら。」／さあ　イスラエルは言え。（1節）

「もしも主が私たちの側に立ってくださらなかったら、もしも主が私たちの味方でなかったら……」と、詩人は一大危機からの救いを現実の歴史の中で経験したことを述懐しつつ、感謝しています。国民的な危機であれ、個人的な逆境であれ、臨在の主が傍らに立ち、「心安かれ、我なり、懼《おそ》るな」（マタイ14・27、文語訳）とお声をかけてくださるとき、心は平安に満たされ、逆境から完全に救い出されるのです。第二次世界大戦中、マルタ島に激しい爆撃があったとき、民衆はこの詩篇に立ち、祈ったと言われます。この詩篇の裏返しの確信はこれです。「神が私たちの味方であるなら、だれが私たちに敵対できるでしょう」（ローマ8・31）。

詩人は神の民の直面する危機を、三つのたとえで表現しました。神の民に逆らい、怒りに燃える敵は、野獣が獲物を飲み込むように（3、6節）、荒れ狂う激流が襲うように（4、

5節）、狩人が野鳥を捕らえるわなを仕掛けるように（7節）、襲うと言うのです。しかし、神が彼らの味方となってくださったゆえに、その危機から救われたのです。まさに「主の臨在は救いなり」の証しです。

神が私たちの側に立ち、味方となられる。しかし、問題は、私たちが神の側に立っているかどうかです。私たちが神の側に立ち、神を全幅的に信頼するとき、神は私たちの味方となり、その全能力を現してくださるのです。詩人は危機からの救いを感謝し、「ほむべきかな　主」（6節）と讃美の声をあげています。そして神を全く信頼し、告白するのです。「私たちの助けは／天地を造られた主の御名にある」（8節）と。

もしも主が私たちの味方でないなら、もしも主の臨在が共に行かないなら、私たちは絶望です、私たちは一歩も進めません。このように自己に絶望し、自己に破産し、「私たちの助けは／天地を造られた主の御名にある」と告白できる者は幸いです。

［祈り］主よ、あなたは今日も私たちの味方です。私たちの助けは、天地を造られたあなたにあります。

私たちを取り囲む主の守り

［詩篇125篇］

エルサレムを山々が取り囲んでいるように／主は御民を　今よりとこしえまでも囲まれる。（2節）

塩屋の神学校で在職中、筆者は単身旧バックストン邸のオールネイションズ神学校で学ぶ機会が与えられました。渡英前、小島伊助先生が与えてくださったみことばは詩篇34篇7節でした。「主の使《つかい》は主を恐れる者のまわりに陣をしいて彼らを助けられる」（口語訳）。主の使いは前後左右、主を恐れる者を囲み、守り、助けられると言うのです。その約束どおり、主の御使いに囲まれ助けられた英国滞在の一コマ一コマを忘れることはできません。

詩人は1～2節で、エルサレムを山々が囲むように主は信仰者を囲み守られる、だから彼らは決して動かされないと歌います。エリシャの召使いは敵の軍勢が馬と戦車をもって町を囲んでいるのを見て戦慄しました。しかし、エリシャの祈りによって彼の目が開かれると、火の馬と火の戦車が山に満ち、エリシャを取り囲んでいたのです（Ⅱ列王6・15～

17)。実に主は、山々が囲むように私たちを取り囲み、守られるのです。

主に取り囲まれ、主に守られる神の民とは、どのような民でしょうか。それは、主に信頼する人(1節)、正しい人(3節)、善良な人(4節)、心の直ぐな人(4節)です。

では、その人々は具体的にどのような祝福を受けるのでしょうか。第一は全き安全です(1～2節)。動揺しやすい者であっても、主の使いに取り囲まれるゆえに決して動かされません。第二は悪の勢力が正しい者の割り当て地に留まりません(3節)。聖なる主の守りは信仰者の心に罪の侵入を決して許しません。第三は正しい者が不正なことに手を伸ばすことを阻止します(3節)。外からの罪の侵入を許さないばかりか、信仰者の内側から悪の誘惑に陥らないように守られるのです。第四は真の幸いです(4節)。主は霊的、実際的な幸いを施されます。第五はとこしえの平安です(5節)。「安けさは川のごとく　心浸す時／悲しみは波のごとく　わが胸　満たす時／全て　安し　御神　共にませば」(新聖歌二五二)。

[祈り]主よ、今日も私を取り囲み、お守りくださることを感謝します。私はあなたに信頼します。

涙の種まき、喜びの刈り取り

［詩篇126篇］

涙とともに種を蒔く者は／喜び叫びながら刈り取る。（5節）

リターン・アンド・リバイバル、帰還と回復！ 解放の喜びと回復への涙！ 本篇の前半にはバビロン捕囚からの解放の喜びがあふれ、後半には今なお残された捕囚民の帰還を待ちわびる涙の祈りがささげられています。北朝鮮から拉致された方々が帰還した時の、あの喜びの光景を思い起こします。しかし、その喜びが大きいだけに、今なお残されている方々の解放がどれだけ待たれることでしょうか。ブルーリボンの会の涙の祈りは、国内のみならず、世界中の祈り求めです。

神が一部の捕囚民を解放されたことは、あまりにも大きな出来事で、すぐには信じられなかったことでしょう。「主がシオンを復興してくださったとき／私たちは夢を見ている者のようであった。／そのとき 私たちの口は笑いで満たされ／私たちの舌は喜びの叫びで満たされた」（1～2節）。捕囚からの解放の喜びは、イエス・キリストによる救いの喜びにも通じる喜びです。ペルシャ王キュロスの解放令によるシオンの繁栄の回復は、近隣の諸国民さえも驚く「主がなされた大いなること」でした。今、私たちの教会にも主の十字架と復活による大いなる救いを喜ぶ笑いが満たされるように祈ろうではありませんか。

「主よ　ネゲブの流れのように／私たちを元どおりにしてください」（4節）。初期の帰還者たちは、その喜びが大きいだけに、残された捕囚民の帰還を待ちわびました。ヘブロン南方の砂漠地帯には雨季になると氾濫するワディがあります。普段はカラカラに涸れた水無川も、大雨が降ると濁流となるのです。涸れた地に大氾濫！　まさにリバイバルの表徴です。

「涙とともに種を蒔く者は／喜び叫びながら刈り取る。／種入れを抱え　泣きながら出て行く者は／束を抱え　喜び叫びながら帰って来る」（5〜6節）。捕囚の時の涙が帰還の時の喜びに変えられたように、私たちの福音伝道における涙の祈り、涙の種蒔きにも必ず喜びの刈り取りが伴うのです。

［祈り］主よ、リバイバルのため、福音伝道のため、私たちを涙の祈り、涙の種蒔きをする者としてください。

主が家を建てられるのでなければ

［詩篇127篇］

主が家を建てるのでなければ／建てる者の働きはむなしい。（1節）

玄関前の美しい庭先に「主が家を建てられるのでなければ、建てる者の勤労はむなしい」（口語訳）のみことばを石に刻み、近隣の方々や友人知人を集め、聖書研究や福音の集いを開いているご夫妻がおられます。「これは私たちが建てた家ではない。主が建てられた家なのです」と主への感謝を抱きつつ、救い主の恵みを証しする信仰者の生き方に心打たれます。

本篇を貫く霊的思想は、すべての働きは主の御手が動かされなければいっさいはむなしいにあります。それは、ソロモンが建てた神殿や宮殿であれ、捕囚から帰還後の第二神殿であれ、町の警護であれ、主の御手が働かなければ成功はありえなかったという思いです。その思いは、家庭を築くことにも、地域社会の守りにも、日々の勤労にも、日常茶飯事いっさいにまで及びます。さらにそれは、主が信仰者の勤労を祝福されるのみか、「主はその愛する者に、眠っている時にも、なくてならぬものを与えられる」（2節、口語訳）との思いにまで至るのです。思えば「実に　主は愛する者に眠りを与えてくださる」（2節）は、お互いの間でも用いなれた聖句です。

本篇の後半は、さらに家庭の繁栄と幸福が歌われています。「見よ　子どもたちは主の賜物／胎の実は報酬」（3節）。配偶者も神からの賜物、その子らも神からの賜物、老いの坂に向かう壮年の時の子どもらは「勇士の手にある矢のよう」に頼もしい。「矢筒をその矢で満たしている人」は心配無用、何があっても戦えると歌い上げるのです。実に絵に描いたような家庭の繁栄と祝福ではないでしょうか。

主が建てられ（1節）、主が守られ（1節）、主が休みを与えられ（2節）、主が与えられる（3節）。人生万般、すべての祝福は神ご自身から来ることを知りましょう。

［祈り］主よ、あなたは教会も家庭も私の人生も、すべて建て上げてくださるお方です。あなたの御手をもってすべてを建て上げ、祝福してください。

クリスチャン・ホーム

［詩篇128篇］

あなたの妻は　家の奥で／たわわに実るぶどうの木のようだ。／あなたの子どもたちは　食卓を囲むとき／まるでオリーブの若木のようだ。（3節）

地上におけるパラダイスの回復は主日礼拝とクリスチャン・ホームにあると、バックストン先生は言われました。本篇では前篇同様、家庭の祝福が歌われています。ルターは本篇を「クリスチャンのための結婚の歌」と呼びました。修道士ルターは修道女カタリーナ・フォン・ボーラと結婚、本篇を彷彿とさせるような幸いなクリスチャン・ホームを築きました。夫人は家事に勤しみ、ぶどうが実を結ぶような家庭の祝福の源となり、オリーブの木のように元気はつらつな子どもたちは食卓を囲み、よく食べ、よく喋り、時として父親の書生さんも加わり、談論風発、食卓はルターの「卓上語録」の苗床ともなりました。むろんカタリーナは家の奥にいる「奥さん」にとどまらず、家庭の内外で夫を助け、子どもを教育する良妻賢母だったのです。「妻は、夫が帰宅を喜ぶように感じさせるべきであり、夫は、彼が家を出るのを、妻が悲しむように感じさせるべきである」の諺《ことわざ》は、まさにルター夫妻のためのものでした。

「幸いなことよ／主を恐れ　主の道を歩むすべての人は」（1節）。「見よ　主を恐れる人は／確かに　このように祝福を受ける」（4節）。主を畏れること、ここに家庭の幸福の源があります。神を畏れる家庭の幸福は、2～3節に見るように、「その手で労した実りを食べる」働きの祝福、「幸福で、かつ安らか」（2節、口語訳）という心身の健康、「たわわに実るぶどうの木」という多くの子ら、「食卓を囲む」家庭の団欒《だんらん》に見られます。

それとともにクリスチャン・ホームの祝福は、家庭と教会とが密に交わるところからも起因します。「シオンからの祝福」、「エルサレムへのいつくしみ」（5節）は神の臨在を表すエルサレム神殿の祝福と繁栄を明示しています。クリスチャン・ホームが所属する教会の祝福と繁栄は、家庭の祝福と繁栄に直結します。家庭が教会の繁栄を祈り、教会が家庭の祝福を祈る。教会との豊かな交わりに家庭の祝福があることを知りましょう。

［祈り］主よ、あなたを愛し、あなたを畏れます。私の家庭を、この詩篇にあるように祝福してください。また私が所属する教会を豊かに祝福してください。

倒されても滅びない

［詩篇129篇］

「彼らは　私が若いころからひどく私を苦しめた。／しかし　彼らは私に勝てなかった。」（2節）

勝利には、五つの石のうち一石をもって相手を倒す勝ちえて余りある勝利もあれば、打たれても打たれても耐え抜いて勝利する粘り勝ちもあります。病いの癒やしにも、瞬間的な癒やしもあれば、徐々に癒やされる癒やしもあります。本篇の前半1〜4節には敵に苦しめられても神に守られる勝利、後半5〜8節には神の民を苦しめる敵の消滅を求める祈りが記されています。

イスラエルの歴史を回顧して詩人は、「さあ　イスラエルは言え」と語りかけます。おそらく本篇は、バビロン捕囚から回復後の詩篇と思われます。「若いころからの苦しみ」は、エジプトの奴隷時代の苦難を指すでしょう。その苦難は、農耕者があぜを掘るように圧制者が鞭で背中を傷つけるという残酷なものでした。しかし、敵はどんなに苦しめても勝つことができませんでした。正義の神が「悪しき者の綱を断ち切られた」（4節）からです。使徒パウロは、「私たちは四方八方から苦しめられますが、窮することはありません。途方に暮れますが、行き詰まることはありません。迫害されますが、見捨てられることはありません。倒されますが、滅びません」（Ⅱコリント4・8〜9）と記しています。ノックアウトされたかに見えてもノックダウンしないのです。それは彼がイエスのために絶えず死に渡され、イエスのいのちが彼の死ぬべき肉体に現れるためでした。

本篇の後半は、神に敵対する者の消滅を求める祈りが記されています。「シオンを憎む者」（5節）は、シオンに臨在される主と主を信じる者を憎む者たちのことです。屋根を覆う薄い土に生える草が砂漠から吹き寄せる熱風で枯れるように、彼らは全く消滅するというのです。雑草には何の収穫も望めません。悪しき人を祝福する者も、一人もいないのです。

どんなに悩まされても主に守られ、勝利を収める者か、主と主の民に敵対し、一瞬に消滅する者か、厳粛な対比《コントラスト》が本篇にはあります。

［祈り］主よ、いかなる苦しみ、悩みの中でも、私を守り、助け、御手をもって立ち上がらせてください。

深い淵からの叫び

［詩篇130篇］

主よ　深い淵から私はあなたに呼び求めます。／主よ　私の声を聞いてください。／私の願いの声に耳を傾けてください。（1～2節）

「都上りの歌」に「悔い改めの七詩篇」（ほかに6、32、38、51、102、143篇）の一つが加えられていることに深い意義を覚えます。過越の祭り、七週の祭り、仮庵の祭りの三大祭りの都上りには、主の贖いの恵みが深く根づいていました。本篇の全き救いを求める魂の深い淵からの叫びには、新約の恵みと相呼応する豊かな贖いの恵みが濃厚に歌われています。

第一に深い淵からの叫びです（1節）。救いの恵みはここから始まります。自らの罪に慄《おのの》き、魂のどん底から救いを叫び求めることなくして、救いは始まりません。

第二に信仰をもって主に向かって祈ることです（2節）。心からの叫びとともに声を上げて求めるのです。神は必ず耳を傾けてくださると信じて求めるのです。

第三に神がもし罪に目を留められるなら、だれも御前に立つことはできないとの恐れをもって祈ることです（3節）。罪を見過ごされない神、罪を裁かれる神への恐れなくして、私たちの救いはありえません。

第四に神は罪を赦されることを信じて祈ることです（4節）。旧約聖書を見ると、罪の赦しの福音が響いています。私たちのすべての罪を神は海の深みに投げ込み（ミカ7・19）、ご自身の背後に投げやり（イザヤ38・17）、かすみのように消し去り（同44・22）、二度と思い起こさない（エレミヤ31・34）と言われるのです。

第五に神を待ち望むことです（5節）。救いの神はご自身を現し、みことばにより救いの確証を与えられます。第六に新しい夜明けの光の待望です（6節）。夜回りが夜明けを待つように待ち望むのです。必ず光は与えられます。

第七に豊かな全き贖いを待ち望むことです（7節）。それはすべての民に約束された大いなる救いです。

最後にすべての罪からの救いの恵みです（8節）。犯した罪からも生まれながらの罪からも救われる贖いです。

［祈り］主よ、あなたの大いなる救いを心から感謝します。この救いをほめ歌い、この救いを伝えます。

乳離れした幼子のように

［詩篇131篇］

主よ　私の心はおごらず／私の目は高ぶりません。／及びもつかない大きなことや奇《くす》しいことに／私は足を踏み入れません。（1節）

ダビデは何不足のない王でありながら、自分を羊になぞらえ、「ヱホバは我が牧者なりわれ乏しきことあらじ」（23・1、文語訳）と歌いました。本篇では、権力絶頂と思われたとき、ダビデは乳離れしたみどりごのように、ひたすら主に頼み、安んじています。

本篇は117篇に次ぐ詩篇中最も短い詩篇の一つです。おごり、高ぶり、野望という誘惑は、逆境の時よりも順境の時に潜んでいます。ですから繁栄の時こそが危険であり、その時の心構えが私たちの人生を決定するのです。

ダビデは、「主よ　私の心はおごらず／私の目は高ぶりません。／及びもつかない大きなことや奇《くす》しいことに／私は足を踏み入れません」（1節）ときっぱりと決意します。目は心の鏡です。心のおごりは目の高ぶりとなって表れます。「おごらず、高ぶらず、関係せず」には分を越えないわきまえがあります。自分の分際を知った者の心構えです。この心構えは対人関係のみならず、対神関係にも求められます。思えば人間が被造物という分を越えたところに人類の根源的な罪があったのです。

「まことに私は／私のたましいを和らげ　静めました。／乳離れした子が／母親とともにいるように／乳離れした子のように／私のたましいは私とともにあります」（2節）。乳離れした幼子は物さみしさに母親を慕い、母親の胸に抱かれ安息します。何物にも心奪われず、心静かに、安んじる幼子の心こそ天国の心なのです。主イエスは、「まことに、あなたがたに言います。向きを変えて子どもたちのようにならなければ、決して天の御国に入れません」（マタイ18・3）と言われたではありませんか。

「イスラエルよ／今からとこしえまで　主を待ち望め」（3節）。幼子のように、いつでもどこでも主を仰ぎ、主に頼る者となりましょう。

［祈り］主よ、私の分をわきまえ、高ぶることなく、常にあなたを慕い、あなたを頼る者としてください。

神の御住まいの祝福

［詩篇132篇］

「私は決して　私の家の天幕に入りません。／私のために備えられた寝床にも上がりません。／私の目に眠りを与えません。／私のまぶたにまどろみさえ。／主のために　一つの場所を／ヤコブの力強き方のために　御住まいを／私が見出すまでは。」（3～5節）

ダビデはどれほど主を愛し、主はまた彼をどれほど愛されたことでしょうか。本篇の背景であるサムエル記第二7章を読むと、手に取るようにそれがわかります。ダビデの神殿造営の熱望、それに対する主のお答え、「ダビデ王は主の前に出て、座して言った」（同18節）とのダビデの感動的な応答の祈り、特に「主の前に出て、座して」との何の憚《はばか》りもなく、一対一の親密な主とのやりとりには羨望をさえ覚えます。

本篇は、ダビデが自分のことを三人称で表して作ったものではないかと思われます。3節以下にあるような神殿造営の並々ならぬ決意はどうでしょう。今も教会堂建築のために同様の熱意と決意を抱いている信徒も多くおられることでしょう。

6節からエフラテやヤアル（キルヤテ・エアリム）に保管されていた、主の臨在を表す契約の箱の神殿への搬入式の様子が記され、8〜10節の祈りは、後にソロモンが父ダビデの信仰を受け、神殿奉献式の祈禱の中で用いています（Ⅱ歴代6・41〜42）。

13〜18節に見る、主が宿られるシオンの祝福をご覧ください。主が臨在される所には、豊かな恵み（15節）、満足（15節）、救い（16節）、溢れる喜び（16節）、角に象徴される新しい力（17節）、光（17節）、勝利（18節）、そして王の権威と威光（18節）が必ず伴うのです。

心から主を愛し、主の御住まいを愛する者に、主もまたご自身を現し、豊かな祝福を約束されることを知りましょう。ダビデのように、主の御住まいである神殿ができるまで、「私の目に眠りを与えません」と決意を抱き、主の御前に近づき、主と対座し、一対一で親密に主と語り合うことのできる者とならせていただきましょう。


［祈り］主よ、あなたを愛します。私をあなたの住まわれる宮としてください。また私の家庭にあなたの臨在を現し、豊かな祝福をお与えください。

麗しく楽しい主にある交わり　［詩篇133篇］

見よ。なんという幸せ　なんという楽しさだろう。／兄弟たちが一つになって　ともに生きることは。（1節）

イスラエル人の間では今も、この詩篇はメロディがつけられ、「ヒッネー・マ・トーブ」と楽しげに繰り返し繰り返し歌われています。いかにも「都上りの歌」にふさわしい祝歌です。

主の裂かれた肉と流された血により一つ兄弟姉妹とされた者の交わりは、キリストの御体である教会ならではの交わりです。英国のケズイック聖会は、金曜日夕べの聖餐式をもって一週間にわたる聖会が閉じられます。聖餐式、それはまさに聖なる交わり《ホーリー・コンミュニオン》なのです。老若男女、教団教派や教職信徒の別もなく、国家民族、身分職種の別もない、「みな、キリスト・イエスにあって一つ」（ガラテヤ3・28）の交わりです。その交わりは今も教会の中に、超教派の集いに、また教派共同の働きの中に見られます。兄弟姉妹が和合一致して生きるとは「なんという幸せ　なんという楽しさ」でしょうか。

　この交わりの祝福が、香油と露の比喩を用いて美しく描かれています。「それは　頭に注がれた貴い油のようだ。／それは　ひげに　アロンのひげに流れて／衣の端にまで流れ滴る」（2節）。祭司長の任職式において油が頭に注がれると、ひげに伝わり、衣の端にまで流れ滴るように、頭なるキリストに注がれた聖霊の御油はキリストの体なる教会の一人びとりに流れ滴り、兄弟姉妹は心底から和合一致できるというのです。

「それはまた　ヘルモンから／シオンの山々に降りる露のようだ」（3節）。聖霊はまた露に譬えられています。イスラエル北方のヘルモン山に降りる露が南方のシオンをも潤すという譬えです。露が音もなく静かに全ての草木を潤すように、聖霊は静かに全ての者を潤すというのです。

　油のように注がれ、露のように降る聖霊によって、教会全体が一致和合し、幸せと楽しさが満ちますように！


［祈り］主よ、主にある兄弟姉妹の交わりを感謝します。さらに麗しく楽しい交わりを広げてください。

主があなたを祝福されるように

［詩篇134篇］

さあ　主をほめたたえよ。／主のすべてのしもべたち／夜ごとに主の家で仕える者たちよ。（1節）

都上りの歌の最後を飾る詩篇です。都上りの巡礼団が帰途につくとき、夜間、神殿において神に仕える祭司やレビ人たちに主への讃美と祈りを勧め（1～2節）、祭司たちがこれに応答して巡礼団の祝福を祈る（3節）詩篇です。実に都上りの歌の最後を飾るにふさわしい詩篇と言えるでしょう。

祭司やレビ人たちは「昼となく夜となく……その務め」を果たすように命じられていました（Ⅰ歴代9・33）。特に夜間の奉仕には、霊力、精神力、体力が求められたことでしょう。ですから彼らにとって、主をほめたたえる讃美はどれほど大きな力となったことでしょうか。実に讃美は力です。

神殿での祭司たちの奉仕には、「見よ、夜、主の家に立って／主に仕えるすべてのしもべよ、／主をほめよ」（1節、口語訳）とあるように、「立って仕える奉仕」（申命10・8、18・5、7）があります。「立って仕える奉仕」は緊張感をもって腰を下ろすことなく、継続して行う奉仕です。また、「あなたがたの手をあげ／主をほめたたえよ」（2節）とあるように、「手を上げる奉仕」があります。「手を上げる奉仕」には、讃美の奉仕（2節）と祈りの奉仕（出エジプト17・11、Ⅰテモテ2・8）があります。

都上りを終えた巡礼団が帰途につくとき、自分たちに代わって主への奉仕を継続してほしいと祭司やレビ人に呼びかけると、祭司たちは巡礼団に向かって心からの祝福を祈るのです。「天地を造られた主が／シオンからあなたを祝福されるように」（3節）。神の祝福が豊かにありますように！　ゴッド・ブレス・ユー！　神の御住まいであるシオンからの祝禱！　主日礼拝の終わりに、新しい一週の旅路に向かう会衆のためにささげられる牧師の祝禱を、心から感謝しましょう。

［祈り］主よ、主日礼拝ごとにあなたにささげる讃美と祈りを感謝し、新しい一週の歩みに向かう私たちのためにささげられる祝禱を心から感謝いたします。

主をほめたたえよ

［詩篇135篇］

ハレルヤ　主の御名をほめたたえよ。／ほめたたえよ　主のしもべたち。（1節）

ハレルヤで始まりハレルヤで終わる、ハレルヤ詩篇の一つです。初めに六回、終わりに六回も主をほめたたえることが呼びかけられています。讃美の理由は、主の恵み深さと情け深さにあります。1～4節では「主のしもべたち」「主の家で仕え／私たちの神の家の大庭で仕える者」、すなわち神の民全体から神殿奉仕者たちすべてへの讃美の呼びかけです。19～21節では「イスラエルの家」「アロンの家」「レビの家」「主を恐れる者」、すなわち祭司職につく者から神の民全体に広がる讃美の呼びかけです。神への讃美の渦は、聖職者、一般信徒を問わず、神の民全体を巻き込んでいくのです。

5～7節では自然界における神の栄光のゆえに主への讃美が勧められています。神は天地の創造者です。また風雨雷光を支配されるお方です。8～14節では神の選びの民イスラエルに対する出エジプトからカナン征服に至るまでの神のみわざのゆえに、主への讃美が勧められています。15～17節では生ける神と対照的な命なき偶像の空しさが述べられています。

創造者、統治者なる生ける神を信じ、讃美できる者は幸いです。神の存在を認めない無神論者、神の存在を証明することは不可能という不可知論者、万物に神が宿っているという汎神論者、多くの神々を拝む多神論者、創造神を認めても神の統治や支配を否定し、すべてを自然法則に任せる理神論者、神の創造と神の統治を認め、自然界と歴史を治める神を信じる有神論者、あなたはどこに属していますか。

私たちの神は創造の神です。また造られたものを愛し、養い、統治される神です。歴史を支配し、人々に語りかけ、行動される神です。祖国の人々がいち早く正しい神概念を持ち、この詩篇で呼びかけられているように、主をほめたたえる者になるように祈ろうではありませんか。

［祈り］すべての造り主、すべての支配者なる神様、あなたを愛し、心からあなたをほめたたえます。

主の恵みはとこしえまで

［詩篇136篇］

主に感謝せよ。主はまことにいつくしみ深い。／主の恵みはとこしえまで。（1節）

バビロン捕囚からの帰還後の詩篇です。前篇をさらに敷衍した、感謝にあふれる壮大な詩篇です。万物を創造し、歴史を支配される神への感謝を込めた、信仰の告白的詩篇です。各節ごとに、「主の恵みはとこしえまで」のコーラスが入っています。各節の上半句をレビ人が歌い、下半句を会衆が応じて歌ったことでしょう。今日、年末感謝礼拝などで交読文としてよく用いられている詩篇です。

1〜4節は感謝の勧め、5〜9節は創造主への感謝、10〜15節は出エジプトを回顧する感謝、16〜22節は荒野時代からカナン定着を回顧する感謝、23〜26節は神の救いのみわざの総括的感謝と見ることができます。

「ただひとり　大いなる不思議を行われる方に。／主の恵みはとこしえまで」（4節）。天地を創造し、これを治め、歴史を支配し、不思議を成し続けられる主を思うとき、感謝はおのずから湧き起こります。私たちの信仰生涯においても、本篇の恵みを次のように受け止めることができるでしょう。罪の生涯から贖われたこと（10〜12節）、新しい道が劇的に開かれたこと（13〜14節）、悪しき者からの決定的な救い、試みの中での導きと勝利（15〜20節）、聖霊に満ち溢れる安息の地の嗣業（21〜22節）としての豊かな恵みです。その一つひとつを感謝するとき、まさに私たちの神は、ただひとり大いなる不思議をなされる神であることが実感できるのです。

「私たちが卑しめられたとき　主は心に留められた」「主は私たちを敵から解き放たれた」「すべての肉なる者に食物を与えられる方」（22〜24節）、その「天の神」（26節）に感謝しましょう。卑しい罪人にさえ、みこころを留め、救い出し、すべて肉なる者に食物を与えられる天の神を心からほめたたえましょう。

［祈り］ただひとり大いなることをなさる主よ、あなたの恵みと慈しみを覚えて感謝します。あなたの恵みはとこしえに絶えることはありません。

バビロンの川のほとりで

［詩篇137篇］

バビロンの川のほとり／そこに私たちは座り／シオンを思い出して泣いた。（1節）

バビロン捕囚時の辛く悲しい思い出と、本国への切々とした思慕が歌われています。この悲嘆を経験した者にしてはじめて、「主がシオンを復興してくださったとき／私たちは夢を見ている者のようであった。／そのとき　私たちの口は笑いで満たされ／私たちの舌は喜びの叫びで満たされた」（126・1〜2）と歓喜を味わうことができたことでしょう。

詩人は1〜3節でユーフラテス川の辺りに座り、シオンを思い起こし、涙しました。バビロン人が捕囚のイスラエル人を嘲笑して歌を注文したとき、これを拒み、琴を柳にかけて泣く描写が切なくも活き活きと歌われています。異邦の地にあってどうして主の歌を歌うことができるでしょうか（4節）。5〜6節では神の臨在の場所であるエルサレムへの切情が歌われています。ひとときもエルサレムを忘れることはできない、「もしも　私があなたを忘れてしまうなら／この右手もその巧みさを忘れるがよい。……私の舌は上あご

について しまえばよい」(5〜6節)、エルサレムこそわが至上の喜びであるとの霊的ホームシックのありさまが間接的な信仰表明で歌われています。

それとは対照的に7〜9節ではヤコブの兄弟エサウの子孫であるエドム人が、バビロン軍により聖都エルサレムが破壊されたとき、事もあろうに略奪をし、避難者を殺害したこと(オバデヤ10〜15)に対する裁きと、エルサレムの破壊者バビロンへの激しい報復が歌われています。それはきわめて残酷な願望ですが、主の敵に対する強烈な怒りの表現と言えるでしょう。

今、私たちにバビロンのほとりでの悲哀はあるでしょうか。新しい都エルサレムへの思慕はあるでしょうか。罪と死をもたらせた悪魔への激しい怒りがあるでしょうか。澤村五郎先生には、この涙がありました。罪から来る悲惨、永遠の滅びからの救いを求めて、涙の祈りをもって伝道に心を燃やそうではありませんか。

［祈り］主よ、罪がもたらす悲惨、永遠の滅びからの救いを求め、十字架と復活の福音を語り、あなたの来臨を切に待ち望む者とさせてください。

低い者を顧みられる神

［詩篇138篇］

まことに　主は高くあられますが／低い者を顧みてくださいます。／しかし高ぶる者を　遠くから見抜かれます。（6節）

神は低い者を顧みられる。聖書を一貫する主旋律です。高ぶる者の祈りを退け、「罪人の私をお赦しください」と胸を打ち叩いて祈る者を受け入れられる神。実に神は、「高く聖なる所に住み、砕かれた人、へりくだった人とともに住む。へりくだった人たちの霊を生かし、砕かれた人たちの心を生かす」（イザヤ57・15）お方です。

138〜145篇は、ダビデに関わる一連のダビデ詩集です。本篇は神への感謝のほめ歌です。詩人は、心を尽くし、真実を知る御使いたちの前で、神が臨在される聖なる宮に向かって平伏し、主の恵みとまことのゆえに、神のみことばと御名をほめ歌い、主のみわざを深く心に留めて讃美します。私たちも主のみわざを心に留め、ほめ歌いましょう。

主のみわざとはなんでしょうか。それは、ただちに祈禱が答えられること（3節）、地の諸王が統べ治められること（4節）、低い者が顧みられること（6節）、悩みの中にこそ信仰が再び生かされる（リバイブ）こと（7節）、そして自分のためにみこころが成し遂げられること（8節）ではないでしょうか。

「私が呼んだその日に　あなたは私に答え／私のたましいに力を与えて強くされました」（3節）。信仰生涯を全うして天に移された筆者の次姉のお証しです。晩年になればなるほど、彼女は事あるごとに何でも口に出して夫婦で祈ったそうです。ある時、携帯電話の所要でお店を訪ねたとき、夫が手にしていた一万円をどこかに見失ってしまったそうです。お店の駐車場には誰もいません。二人は思わずその場で祈ったというのです。「神様、一万円がどこかに行ってしまいました。」祈り終え、目を開けた途端、ヒラヒラヒラと一万円が天から舞い降りてきたそうです。「そう、なんでも祈りなさいよ」と主は彼らの魂の力を増し加えられたことでしょう。

［祈り］主よ、あなたは小さな者をお心に留め、どんな祈りにも即座にお答えくださることを感謝します。

私を探ってください

［詩篇139篇］

神よ　私を探り　私の心を知ってください。／私を調べ　私の思い煩いを知ってください。／私のうちに　傷のついた道があるかないかを見て／私をとこしえの道に導いてください。（23～24節）

神との親密な交わりの中で神の属性を深く知り、驚嘆をもって歌い上げた、最も美しい詩篇の一つです。神の全知性、遍在性、全能性については、サタンでさえも正確に知っています。しかし詩人は頭脳の知識ではなく、人格的に神を知り、「私を探ってください」と祈ります。

神の全知性は1～6節で言い表されています。私たちの座る、立つ、歩く、伏すなどの全行為、私たちの言葉の奥底の思い、私たちの道のすべてなど、神はすべてを知り抜いておられるとは、あまりにも不思議で深遠です。この知識は、悪しき者にとっては恐怖、信仰者にとっては慰めです。

神の遍在性は7～12節で述べられています。「私はどこへ行けるでしょう。／あなたの御霊から離れて。／どこへ逃れられるでしょう。／あなたの御前を離れて」（7節）。天に上っても、よみに床を設けても、海の果てに住んでも、闇の中に隠れても、神はそこにおられ、あるいは支え、あるいはすべてを明るみに出されるのです。このような知識は不思議で深遠、悪しき者には慄《おのの》き、信仰者には安堵となることでしょう。

神の創造、全能性は13～16節で歌われています。神は私の内臓を造り、母胎の中で組み立てられ、胎児の私をご覧になる。なんという奇しき神、なんという驚異でしょうか。もしこのような知識を幼い頃から教えられるなら、人類は人格の尊厳と人命の尊さを重んじ、世界は一変することでしょう。

詩人は17節以下で神の御思いの総計は計り難いと告白し、悪しき者が退けられることと、わが身においては謙虚に神に探られることと神の正しき導きを求めて祈ります。22～23節の祈りこそ、深く神を知り、真におのれを知る者の敬虔な祈りなのです。

［祈り］臨在の全知、全能の神様、私を探り、知り、試み、私をとこしえの正しい道に導いてください。

嘆きの中での嘆願から不動の確信へ

［詩篇140篇］

まことに　正しい人はあなたの御名に感謝し／直ぐな人はあなたの御前に住むでしょう。（13節）

本篇と続く三篇は、深い苦悩からの助けを祈った詩篇です。その苦悩は罪深い人間によってもたらされるものでした。人生にはさまざまな苦悩がありますが、人間の罪がもたらす苦悩ほど人を苦しめるものはありません。

使徒パウロは人類の罪の様相をローマ人への手紙で克明に記します。特に3章10～18節の記述は、旧約聖書から引用された人類の罪の総括です。そのほとんどが詩篇、しかもダビデ詩集からの引用です（詩篇14・1～3、53・1～4、5・9、140・3、10・7、36・1）。ローマ人への手紙3章13節の「彼らの唇の下には、まむしの毒がある」は本篇3節からの引用です。ダビデは人間の凶暴な罪に悩まされました。また彼自身も姦淫、殺人、隠蔽という恐ろしい罪を犯しました。パウロは人類の罪の実態をダビデ詩集から引用するとともに、信仰による罪の赦しと義認の恵みもまたダビデ詩集から引用しています。「同じようにダビデも、行いと関わりなく、神が義とお認めになる人の幸いを、このように言っています。『幸いなことよ、不法を赦され、罪を覆われた人たち。幸いなことよ、主が罪をお認めにならない人』」（ローマ4・6〜7）。これは詩篇32篇1〜2節からの引用です。

本篇で詩人は1〜5節で悪しき者の陰謀からの助けを祈り、6〜11節では悪しき者の裁きを強く求めています。そして最後は大いなる確信をもって詩を閉じています。「私は知っています。／主が苦しむ者の訴えを支持し／貧しい者のために　さばきを行われることを。／まことに　正しい人はあなたの御名に感謝し／直ぐな人はあなたの御前に住むでしょう」（12〜13節）。不安と嘆きの中からの嘆願は、ついに感謝と確信に至りました。私たちの祈りにおいても、苦悩の叫びは必ず答えられ、不動の確信にまで至ることを知りましょう。

［祈り］主よ、あなたは私たちの祈りをお聞きくださいます。あなたはどんな苦悩の叫びをも受け入れ、大いなる確信を与えてくださることを感謝します。

敬虔者の祈り

［詩篇141篇］

私の主　神よ／まことに　私の目はあなたに向いています。／私はあなたに身を避けています。（8節）

「自ら敬虔を修行せよ」（Ｉテモテ4・7、文語訳）。敬虔の修行！　ドイツ敬虔派の聖書学者ベンゲルは敬虔を「神の臨在の不断の現実感」と言いました。その敬虔を修行し、訓練する中で、ブラザー・ローレンスは日々の台所での生活が、あたかも大聖堂にいるときのように、神の臨在を現実に感じることができるようになったと証ししています。

本篇を貫く思想は、信仰者の敬虔の修行です。詩人はこの敬虔を求めて、神に呼ばわり、神に目を向け、神に全幅的に拠り頼んでいるのです。

1～2節では祈りの薫香を炊き、手を上げて夕べのささげ物とする中で、切実に敬虔を求めます。3～4節ではその敬虔の実践として、口に見張りを置き、心が悪に向かず、悪行のごちそうを楽しむことのないようにと祈ります。5～10節は敬虔のための神の警告と訓練を求め、不法の落とし穴からの守りを切に求めます。

私たちには主の臨在の不断の現実感をこれほどまでに求める霊的渇きがあるでしょうか。そのために「正しい者が真実な愛をもって私を打ち……私を戒めてくれますように」（5節）とあるように、「真実な愛をもって私を打つ」主にある友の愛の忠言を積極的に受け入れる謙遜さがあるでしょうか。これらの警告は当初は耳に痛く、胸にこたえるでしょう。しかし詩人はそれを「頭に注ぐ油で私を戒めてくれますように」とあるように、高価な尊い油として受け入れているのです。

「私の主　神よ／まことに　私の目はあなたに向いています。／私はあなたに身を避けています」（8節）。たましいが罪の誘惑から常に守られ、神の臨在に生きる敬虔こそ黄金の信仰生涯であることを知りなさい。

［祈り］主よ、きょうも悪しき者から私を守り、あなたの臨在の御前で終日歩む者としてください。

声をあげて主に叫ぶ祈り

［詩篇142篇］

声をあげて　私は主に叫びます。／声をあげて　私は主にあわれみを乞います。（1節）

表題に従えば、本篇はダビデが洞窟にいた時の作品です。それはサムエル記第一22章のアドラムの洞穴と思われます。洞窟から響き渡るダビデの絶叫の祈りが聞こえてくるようです。祈りは瞑想ではありません。黙して祈ろうと声をあげて叫ぼうと、祈りとは生ける神に向き合う動的な対話なのです。マスキールの歌は詩篇四、五巻中、ここにのみ認められ、教訓詩とも知恵の詩篇とも言われます。1～2節は声をあげ、魂を注ぎ出す祈り、3～4節は孤独と苦悩の祈り、5～7節は臨在の主に逃れこむ祈りと言えるでしょう。

この絶叫の祈りから、大切な祈りの教訓を学ぶことにしましょう。まず、祈りの態度です。詩人は声を張り上げ、主に祈っています。実に熱心な祈りです。そして自分の嘆きをありのままに注ぎ出します。また自らの悩みを赤裸々に表すのです。関西聖書神学校のある塩屋の界隈がまだのどかな時代、ジェームス山で絶叫する神学生の祈りが風に乗って遠く垂水駅まで聞こえたという伝説めいた逸話があります。今、私たちの祈りにこのような燃えるものがあるでしょうか。

次に詩人はどのような状況下で祈ったでしょうか。それは「私の霊が私のうちで衰え果てたとき」（3節）、敵に追い詰められた時（3節）、弁護者が立つはずの右の方には誰もいない孤独な時（4節）であったのです。この厳しい状況下で詩人が主に叫び求めたように、私たちもいかなる状況下でも祈らなければなりません。

さらに詩人は臨在の主をいかなるお方として告白し、祈ったことでしょうか。「主よ　私はあなたに叫びます。『あなたこそ私の避け所／生ける者の地での　私の受ける分』」（5節）と詩人は、臨在の主を私の道をよく知っておられるお方、私の避け所、私の受ける分と告白しています。孤独な厳しい状況下であればこそ、主は誰よりも近く、主の臨在は輝くのです。

［祈り］主よ、どのような状況の時でも、私はあなたを避け所として、心を注ぎ出し、祈り求めます。

御顔を私に隠さないでください

［詩篇143篇］

主よ　早く私に答えてください。／私の霊は滅びてしまいます。／どうか　御顔を私に隠さないでください。（7節）

「悔い改めの七詩篇」の最後の一篇です（ほかに6、32、38、51、102、130篇）。明白な罪の告白はありませんが、詩の全体にはその響きがあります。特に「あなたのしもべをさばきにかけないでください。生ける者はだれ一人／あなたの前に正しいと認められないからです」（2節）には、峻厳な神の御前での認罪と神の裁きから免れる願いが明白に言い表されています。

詩の全体の流れは、裁きから免れるための神への嘆願で始まり（1～2節）、悲哀の中での黙想と神への思慕が述べられ（3～6節）、「主よ　早く私に答えてください」（7節）から、具体的な霊的恵みを激しく求める七連の嘆願の祈りが続きます（7～12節）。

第一に御顔の顕現への嘆願です。「私の霊は滅びてしまいます。／どうか　御顔を私に隠さないでください」（7節）。第二に主の慈しみへの嘆願です。「朝にあなたの恵みを聞かせてください」（8節）。第三に歩むべき道への嘆願です。「行くべき道を知らせてくださ い」（8節）。第四に敵からの救いの嘆願です。「主よ　私を敵から救い出してください」（9節）。第五にみこころを行うことへの嘆願です。「あなたのみこころを行うことを教えてください」（10節）。第六に平らな地への嘆願です。「あなたは私の神であられますから。／あなたのいつくしみ深い霊が／平らな地に私を導いてくださいますように」（10節）。第七に悩みと敵からの救出への嘆願です。「主よ……私のたましいを苦しみから助け出してください。……私のたましいに敵対するすべての者を／消し去ってください」（11〜12節）。

こうした七連の祈りが答えられるために、詩人は、「あなたに信頼しています」（8節）、「私のたましいはあなたを仰いでいます」（8節）、「あなたのうちに身を隠します」（9節）、「私はあなたのしもべです」（12節）との主への態度を表明しているのです。

［祈り］聖なる主よ、あなたの御前に罪なくしてだれも立ちえません。ただただ尊い御子の血潮を崇めます。

戦いの勝利はただ主にこそある

［詩篇144篇］

わが岩なる主が　ほめたたえられますように。／戦いのために私の手を／戦《いくさ》のために私の指を鍛えられる方が。（1節）

われらの戦闘力の第一はわれらの無能、第二は主の大能！　血肉に対する戦いではなく、悪魔との霊の戦いにおける勝利の秘訣を、その道百戦錬磨の笹尾鐵三郎先生はこう言われました。同様に竹田俊造先生は伝道の戦いの中で、「どおれ一つ、へたばってかつぎ出そうではないか」と呼びかけています。自己の無能をとことん知り、その自己絶望、自己破産の中においてこそ、主はご自身を現され、大能のお方となられるというのです。

1～4節の神への讃美の中で、詩人は大能なる主を、わが岩、私の砦、私のやぐら、私の救い主、私の盾、私の避け所、と告白しています。それとともに主が顧みられる人間は、息にすぎず、その日々は影のように過ぎ去ると述べています。戦うことを教えられる主は、勝利の秘訣は岩なる主と息なる人の認識にあると示しておられます。自分がただ息にすぎない弱い存在であることを認め、主は何事にも何物にも動かされない岩なるお方であると認めるとき、大いなる勝利が約束されるというのです。

5〜11節には、天を押し曲げて降りる、山々に触れて噴煙を上げる、稲妻を放って敵を散らすなど、戦いにおける超自然的な主の介入を祈り、新しい歌を歌い、勝利のほめ歌が歌われています。

12節以下はほかの詩篇にも全く類例のない思想で、主を自らの神とする民の祝福が歌われています。若木のようにぐんぐん成長する壮健な息子たち、美しく彫刻を施された神殿の柱のような娘たち、もろもろの産物で満ちた倉、幾千幾万の羊の群れ、子牛を安全に多産する牛、悩みも叫びもない平和な町、なんという祝福、なんという幸いでしょうか。まさに「幸いなことよ　このようになる民は。／幸いなことよ　主を自らの神とする民は」(15節)。ハレルヤ！

［祈り］大能なる主よ、私たちの無能を深く認め、あなたこそ勝利の主であることを確信させてください。あなたを神とする民の祝福を増し加えてください。

大いなる讃歌

［詩篇145篇］

主を呼び求める者すべて／まことをもって主を呼び求める者すべてに／主は近くあられます。／また　主を恐れる者の願いをかなえ／彼らの叫びを聞いて　救われます。
（18〜19節）

ダビデ詩集の最後の詩篇は、大いなる讃歌です。「主の祈り」では御名と御国とみこころが祈られていますが、本篇でも神に関わる御名、みわざ、御恵み、御国、御摂理、御救いが高らかに歌われています。

1〜3節は御名のゆえの讃美、4〜7節はみわざのゆえの讃美、8〜10節は御恵みのゆえの讃美、11〜13節は御国のゆえの讃美、14〜16節は御摂理のゆえの讃美、そして17〜21節は御救いのゆえの讃美ということができるでしょう。

本篇には大の字が多く見られます（3、4、6、12節）。また英語のオール（すべて）、日本語では「すべて」「代々」「みな」の文字も多く見られます（9、9、13、14、15、16、17、

20、20、21節)。実に大いなる主の大いなる救いへの大いなる讃歌といえるでしょう。
最後の一段には主を呼び求める者、主を恐れる者、主を愛する者への祝福が約束されています。

大の仲良しだった次兄との、彼が召される数か月前の会話です。「弘雄、俺に悩みがあるんだけどなあ」「ええ? 何の悩み?」「祈りが止められないんだよな」。家族、親族、教会、教団、神学校、地域の人々……。祈り出したら止まらないというのです。思わず「いい加減に祈ったら」とは牧師である私にはとても言えません。曜日によって祈禱課題を定めることなど提案しましたが、結局彼は一日に三、四時間も祈っていたようです。幸いな悩みと言えば悩みです。「主を呼び求める者すべて/まことをもって主を呼び求める者すべてに/主は近くあられます」(18節)。主は主を恐れる者の願いをかなえ、その叫びを聞き、すべて主を愛する者を守られます。主を呼び求め、恐れ、愛する者とさせていただきましょう。

［祈り］主よ、あなたは大いなる神、その恵みとみわざを心から讃美し、感謝します。
今日もあなたに祈り、あなたを畏れ、あなたを愛し、あなたに従います。

ハレルヤ、ハレルヤ

［詩篇146篇］

ハレルヤ。／わがたましいよ　主をほめたたえよ。（1節）
主は　とこしえに統べ治められる。／シオンよ　あなたの神は　代々に統べ治められる。／ハレルヤ。（10節）

壮大な詩篇も終わりに近づきました。公同礼拝の最後は頌栄です。頌栄にはもはや嘆願は含まれず、ただ三位一体の神をほめたたえます。詩篇という一大礼拝も、最後はこの頌栄で終わります。本篇からの五篇はすべてハレルヤで始まりハレルヤで終わる「ハレルヤ詩篇」です。主をほめたたえよ、ハレルヤ、と讃美することにこそ、救いのゴールがあり、贖われた者の究極的恵みがあります。詩篇のエピローグ（終章）であるハレルヤ詩篇は、永遠の御国のプロローグ（序章）です。栄光の御国では、もはや嘆願も説教もなく、あるは主への讃美のみです。

本篇の1～5節は神への讃美の決意、神に拠り頼む者の幸いの表明です。鼻から息を出し入れする人は何の助けにもなりません。6～10節は讃美を受けるべき主の大いなるみわざの表明です。神の性質とその働きを思えば、思わず「ハレルヤ！」との叫びが湧き起こります。そうです。讃美こそ生けるまことの神学です。

なぜ神を讃美するのでしょうか。神の創造のみわざのゆえに（6節）、神の永遠の真実のゆえに（6節）、神の虐げられている者への公平のゆえに（7節）、神の飢えた者への恵みのゆえに（7節）、神の束縛者への解放のゆえに（7節）、神の盲目の者への啓明のゆえに（8節）、神のかがんでいる者への御力のゆえに（8節）、神の正しい者への愛のゆえに（8節）、神の寄留者への守りのゆえに（9節）、神の弱き者への保護のゆえに（9節）、神の悪しき者への裁きのゆえに（9節）、そして神の永遠の統治のゆえに（10節）、神を心からほめたたえるのです。ハレルヤ！

神の人格とその働きのすばらしさを知りましょう。そして心から「ハレルヤ！」と讃美しましょう。

［祈り］主よ、あなたを讃美します。あなたのすばらしいみわざの一つひとつを覚えて、あなたをほめたたえます。あなたこそ讃美を受けるに相応しいお方です。

讃美は神にふさわしい　［詩篇147篇］

ハレルヤ。／まことに　われらの神にほめ歌を歌うのは良い。／まことに楽しく　賛美は麗しい。（1節）

讃美は神にふさわしく、贖われた民において讃美は楽しく、喜ばしいものです。私たちにとって当たり前と思われることですが、一つの集いにおいて老いも若きも男性も女性も会衆が心を合わせ声を一つにして讃美するということは、主の御名のもとにおける集まり以外には決して見られない光景です。英国はウインザー城の聖堂において挙式されたハリー王子とメーガン妃のロイヤル・ウェディングでも、新郎新婦をはじめ、司式者、女王、列席者、全会衆がこぞって「荒野を旅する　弱きわが身を」（新聖歌三〇九）を起立して歌っていました。それは何にも増して麗しくも喜ばしい光景でした。

新改訳二〇一七に従えば、本篇は三段階で構成されています。第一段（1〜6節）は神の民の回復のみわざへの讃美です。離散民は再び集められ、城壁は再建され（2節）、捕囚民の傷は癒やされます。主は今日も、過去にどのように傷ついた者であっても、その傷を癒やし、包まれるお方です。実に主の無限の力、無限の知恵は測り知れず、その公平な裁きも厳粛です（4〜6節）。

第二段（7〜11節）の文頭も「感謝をもって主に歌え」（7節）から始まります。ここでは被造世界に対する神の配慮が歌われています。雲や雨を備え、野の獣から鳴く烏の子をも養われる神（8〜9節）、ご自分の民を恵み守られる神（10〜11節）の御姿がほほえましくも鮮やかです。

第三段（12〜20節）の文頭も「主をほめ歌え」（12節）から始まります。エルサレム、シオンに住む者たちへの讃美の呼びかけ、神の民の保護と選びが歌われます。本段での特徴的な主の御姿は「みことばを送られる主」の御姿です。みことばは速やかに走り（15節）、溶かし（18節）、告げる（19節）とあるように、神の言葉はすべてを創造し、保持し、真理に光を当てるのです。主を賛美せよ！

［祈り］主よ、あなたは傷ついた者を癒やし、飢えた者を養い、みことばをもって創造し、保ち、光を当てられるお方です。あなたを心から讃美します。

全宇宙に響く主の讃美

［詩篇148篇］

ハレルヤ。／天において主をほめたたえよ。／いと高き所で　主をほめたたえよ。（1節）

詩篇最終章に向かって、讃美のボルテージはますます上がります。本篇は全宇宙の讃美です。讃美は宇宙の隅々にとどろき、贖いの完成の歓喜はあふれます。

まず、天上界における讃美です（1～6節）。すべて天にあるものよ、主をほめたたえよ！　天使よ、天の万軍よ、主をほめたたえよ！　日よ、月よ、輝く星よ、天上の水、雲よ、主をほめたたえよ！　主はこれらをみことばを発して創造し、保っておられるからです。

次に、地上界における讃美です（7～14節）。海の巨獣よ、すべての淵よ、火よ、雹よ、雪よ、煙よ、嵐よ、山々よ、すべての丘よ、果樹よ、すべての杉よ、獣よ、家畜よ、這うものよ、翼ある鳥よ、主をほめたたえよ！

さらに讃美は諸国民に及びます。地の王たちよ、諸国民よ、君主たちよ、地の裁き人よ、若い男女よ、年老いた者よ、幼子よ、主の御名をほめたたえよ！　まさに讃美は全人類、全聖徒に及びます。罪によって毒された人類は、御子の血潮によって贖われ、それにより虚無に服していた全被造物は回復され、栄光は全天地に満ち、讃美は全宇宙にあふれるのです（ローマ8・18〜25参照）。

牛が潤んだ目でモーと鳴き、犬がワンワンと吠えるとき、彼らのご主人である人間様に向かって、「どうぞ、ご主人様、早くイエス様を信じて救われてください。本来の神の子とおなりください。そして再臨のイエス様と共に私たちを治めてください。そのとき狼も子羊も、豹も子やぎも、子牛も若獅子も、雌牛も熊も、乳飲み子もまむしも、みんな仲良く暮らすことができるでしょう。いち早く全宇宙に讃美があふれる日がきますように！」と叫んでいるように思われませんか。

全地よ、全被造物よ、心から主を賛美せよ！

［祈り］主よ、あなたの大いなる贖いを感謝します。この贖いはやがて全宇宙に及び、すべての造られたものがみな、あなたを讃美する日が来ることを信じます。

敬虔者の集いで、主の誉れを歌え

［詩篇149篇］

ハレルヤ。／新しい歌を主に歌え。／敬虔な者たちの集まりで　主への賛美を。（1節）

前篇で全宇宙にまで最大限に拡大された讃美のズームレンズは、本篇では全宇宙の贖いの核心となるイスラエル、贖われた神の民、敬虔な者たちに的を絞って再び縮小されます。本篇は、贖われた聖徒の集いにおける新しい讃歌です。前篇14節、「主は御民の角を上げられた」とありますが、勝利の力のしるしである「角」を神はご自身の民に上げられたのです。

まず、その神の民、聖徒たちに向かって讃美が勧められます（1～4節）。聖徒、イスラエル、シオンの子らは同義語です。主の御救いを受けた贖われた民です。彼らこそが全宇宙の救いの核となる者たちです。主への讃美を歌い、造り主にあって喜び、彼らの王にあって楽しむことこそが讃美の目的なのです。「踊りをもって」は音楽とともに用いられる讃美の一様式です。「タンバリンと竪琴」は打楽器と弦楽器を代表するものです。主は讃美をささげるご自身の民を喜び、「貧しい者たちを救いをもって装われる」のです（4節）。神の民の特質は讃美にあり、神の民の本質は柔和と謙遜にあるのです。

次に、讃美する聖徒たちへの勝利の誉れが歌われています（5～9節）。聖徒は集会で讃美するだけではありません。ペンテコステの聖霊に満たされた聖徒は、眠るときにも、床の上でも讃美するのです（5節）。御子の血による罪の赦し、信仰義認、神との平和、新生、古き人の磔殺、聖霊のバプテスマ、内住のキリスト、主の再臨、復活、栄化、新天新地など、主の恵みの数々を思えば、ククククッと喜びは突き上げ、思わず讃美があふれます。それと共に主の聖徒は口で讃美しつつ、手には両刃の剣をもって悪魔と戦うのです（6節）。「神のことばは生きていて、力があり、両刃《もろは》の剣よりも鋭く」（ヘブル4・12）、みことばの剣で敵を撃破するのです（7～8節）。ここに全聖徒に与えられる誉れがあるのです。

［祈り］主よ、主の聖徒とされた私たちは集会で、床の上で、戦いの最中で、あなたを心から讃美します。

究極の讃美

［詩篇150篇］

ハレルヤ。／神の聖所で　神をほめたたえよ。／御力の大空で　神をほめたたえよ。（1節）

息のあるものはみな／主をほめたたえよ。／ハレルヤ。（6節）

詩篇における究極の讃美です。最後の讃美というよりも、詩篇の「たたえのうた」がすべて集結した讃美です。礼拝における頌栄とも言うべき讃美です。わずか六節の中で「神をほめたたえよ」という「ハレルヤ」が十回も出てくる、まさに讃美の中の讃美です。

まず、だれを讃美するのでしょうか。言うまでもなく主です。造り主、王なる神です（1節、149・1～2）。

次に、どこで讃美するのでしょうか。神の住まわれる聖所です（1節）。その力の現れる大空、主の臨在が現れているすべての空間においてです（1節）。

では、なぜ讃美するのでしょうか。主の大能によるみわざのゆえに、その比類なき偉大さのゆえにです（2節）。天地創造のみわざ、十字架と復活による人類救済のみわざ、主のご人格のあまりのすばらしさのゆえにです。

それでは、何をもって讃美するのでしょうか。あらゆる楽器、体を用いてです。詩篇の一大交響曲はまさにクライマックスです。お暇な楽器があるはずはありません。吹奏楽器も弦楽器も打楽器も、すべてを用いて讃美するのです。そうです。角笛、琴と竪琴、タンバリンと踊り、弦と笛、音の高いシンバル、鳴り響くシンバルをもって讃美するのです（3～5節）。

最後に、だれが讃美するのでしょうか。息のあるすべてのものです（6節）。人類も天使も、あらゆる生物が讃美するのです。海の魚も、野の生き物も、空の鳥も、家畜もみな小躍りして讃美するのです。しかし讃美の先陣を切る者は、贖われたキリスト者です。罪赦され、神の子とされた喜びは、天使たちにはわかりません。

詩篇は究極の讃美をもって終わります。しかしこれは終わりではなく、天の御国への序章なのです。

［祈り］ハレルヤ！　詩篇全巻の恵みを感謝します。心を尽くしてあなたをほめ歌います。ハレルヤ！

あとがき

日本イエス・キリスト教団発行月刊誌「ベラカ」の「聖書日課」詩篇全篇を二〇一七年十二月号から翌年九月号まで、恵みのうちに楽しく執筆させていただきました。執筆中、「詩篇で恵まれています」という読者からのお声や、就中《なかんずく》、名古屋教会牧師の教友、松浦剛先生から毎月送られてくる簡にして要を得た恵みの感想文に励まされ、詩篇を座右に主のご臨在を仰ぎながら、「詩篇とともに歩む日々」を送らせていただいたことです。やがて読者の方々から一冊の書物にとのお声や、編集責任者の鎌野健一兄や教団委員会のお励まし、ご承諾をいだだき、この度《たび》もいのちのことば社から出版の運びとなりました。

推薦の言葉を教団委員長の小菅剛先生が詩篇の核心とも言うべき「御顔の輝き」に焦点を合わせてお書きくださったことは、この上ない喜びです。先生のお勧めのように、まずは本書を「聖書の隣に置いて」詩篇そのものを一篇一篇十分お読みくださり、その上で本書をお読みいただければ、詩篇の恵みが心に浸透するのではないかと思います。

二〇一九年盛夏　第五九回香登修養会を前にして

工藤弘雄

工藤 弘雄（くどう・ひろお）

1940 年、長野県生まれ。

早稲田大学、関西聖書神学校、英国オールネイションズ神学校、英国ナザレン神学大学大学院神学修士課程（マンチェスター大学提携）に学ぶ。

関西聖書神学校卒業後、日本イエス・キリスト教団垂水教会にて副牧師として牧会。その後、関西聖書神学校学監、校長など伝道者養成の働きに従事。

また、日本福音主義神学会全国理事長、同西部部会理事長を歴任。名誉神学博士（2016 年、WBS より）。

現在、日本イエス・キリスト教団香登教会牧師。

新日本聖書刊行会理事、日本聖化協力会副会長、日本国際飢餓対策機構全国賛助会会長、ウェスレー・ビブリカル・セミナリー（米国、WBS）理事。

著書に『神の愛に生きる』『エステル記講解』『「山上の説教」に聴く』『祈りを深める』『わが内に住むキリスト』『ペルシャ王宮に咲く花 ── 王妃エステル』（以上、いのちのことば社）『高度を上げよ』『キリストはすべて』『はるかに救い主を求めて』『福音の羅針盤』（以上、キリスト新聞社）『わたしが一緒に行く』『福音の凱歌』（以上、ベラカ出版）など。

日本イエス・キリスト教団香登《かがと》教会
〒 705-0012　岡山県備前市香登本 550-3
TEL 0869-66-9122 ／ FAX 0869-66-7311
ホームページ http://www7b.biglobe.ne.jp/~kagato/

詩篇とともに歩む日々 ── 160の祈りと霊想
2019年 9月15日 発行
2020年 1月10日 再刷

著 者 工藤弘雄
印 刷 シナノ印刷株式会社
発 行 いのちのことば社
〒164-0001 東京都中野区中野2-1-5
TEL03-5341-6920／FAX03-5341-6921
e-mail:support@wlpm.or.jp
http://www.wlpm.or.jp

乱丁落丁はお取り替えします ISBN978-4-264-04072-9